彩票大揭秘

——彩票混沌分形的预测与实践

倪大成　正　茂◎著

企业管理出版社
EMPH ENTERPRISE MANAGEMENT PUBLISHING HOUSE

图书在版编目（CIP）数据

彩票大揭秘：彩票混沌分形的预测与实践 / 倪大成，正茂著 . —北京：企业管理出版社，2021.12

ISBN 978-7-5164-2528-2

Ⅰ. ①彩⋯ Ⅱ. ①倪⋯②正⋯ Ⅲ. ①彩票 – 基本知识 – 中国 Ⅳ. ① F832.5

中国版本图书馆 CIP 数据核字（2021）第 251924 号

书　　名：彩票大揭秘——彩票混沌分形的预测与实践

书　　号：ISBN 978-7-5164-2528-2

作　　者：倪大成　正　茂

策划编辑：赵喜勤

责任编辑：赵喜勤

出版发行：企业管理出版社

经　　销：新华书店

地　　址：北京市海淀区紫竹院南路 17 号　　**邮编：**100048

网　　址：http://www.emph.cn　　**电子信箱：**zhaoxq13@163.com

电　　话：编辑部（010）68420309　　发行部（010）68701816

印　　刷：河北宝昌佳彩印刷有限公司

版　　次：2022年6月第1版

印　　次：2022年6月第1次印刷

开　　本：810mm × 1000mm　　1/16

印　　张：14.5印张

字　　数：180千字

定　　价：68.00元

前言

本书是已出版的《彩票大揭秘——彩票的混沌与分形》一书的姊妹篇。《彩票大揭秘——彩票的混沌与分形》运用第三次科学革命的混沌与分形理论，建立了彩票混沌动力学模型，揭示了彩票混沌之谜，并以理论驱动的彩票混沌与分形的结构模型，定量描述了彩票混沌运动的规律。但由于结构模型以理论为依托，严重受理论驱动而忽视了变量随时间变化的时序性，解释功能很强，而预测功能不足。以数据驱动的非结构预测模型，突出了变量随时间变化的时序性，预测功能很强，已成为现代预测学的主要内容。正如预测学家说，非结构预测模型的建立正源于结构模型预测的失灵。

本书以数据驱动的非结构模型为重点，以预测和中奖为中心，描述了所有中奖彩球在同宿栅栏中的运动轨迹，揭示并预测了摇奖机摇出的彩球在分数维空间的准确位置，用五章（第三至第七章）的篇幅全面介绍了以非结构预测模型为中心的预测思路、预测方法、预测步骤、预测方案和计算实验分析；成功应用计算机技术，把彩票混沌与分形预测和大数据预测结合起来，建立了半智能、全智能的彩票混沌与分形预测的5个基本预测模型，开启了现代智能化预测的先河；构建了17个“不用计算，只用数据、图表”的直杀预测模型，列举了14个实战例题，实现了大众化的普及型预测；把非结构预测模型和结构预测模型结合起来，大大提高了中奖的概率；在彩票混沌的时间序列基础上，建立了预测中奖所必需的全自动云数据库；通过“保本盈利大奖”的实战方案，把双色球中“33个红球选6个、16个蓝球选1个并中奖”的预测变成了现实。彩票混沌与分形的预测，不仅有助于杜绝地下私彩和封建迷信，改变当前彩票预测领域鱼目混珠的现状，而且打开了现代智能化和大众化预测的新局面，开辟了一条全新的认识、研究、预测彩票和中奖的理论与实践道路。

特别是在近几年，彩票弄虚作假等腐败现象逐渐被清除，迎来了科学预测的春天。“既娱乐奉献、又保本盈利”的新理念，必将对现行彩票市场产生新的巨大的冲击和挑战，加快彩票事业、福利事业的进一步发展。

混沌（chaos）和分形（fractal）理论诞生仅40多年，引入中国也才20多年，熟悉的人并不多，已出版的《彩票大揭秘——彩票的混沌与分形》一书以普及通俗的面貌出现，以高中以上文化程度的读者为对象，以“揭秘”为中心，以“理念”和“理解”为目标，以“心算、笔算、计算器”为手段，全书侧重于理解，突出了“是什么”“为什么”，在社会上引起了强烈反响。本书在《彩票大揭秘——彩票的混沌与分形》一书的“理念”和“理解”的基础上，以初中及以下文化程度的读者为对象，以“中奖”为目标，以“数据、图表”为手段，以全智能和半智能数据库为平台，结合自动化和半自动化的预测，开启了一条智能化和大众化预测的道路。全书侧重于实战，突出“怎么预测”“怎么中奖”。如果把前者视为上册，后者视为下册，那么上册是下册的理论指导，下册是上册的实践应用和拓展，两者相辅相成，互为补充。

本书共分为八章。第一章分析了当前彩票预测中的“十万个为什么”；第二章从预测学的角度介绍了混沌与分形预测的方法和分类，从计量经济学的角度着重讨论了彩票混沌与分形预测的结构预测模型、非结构预测模型的特点和分类，回顾并升华了以理论驱动的部分结构预测模型在实战中的应用；第三章介绍了彩票混沌与分形预测的数学基础——彩票混沌时间序列的特点及其在建模中的应用；第四章着重介绍了彩票非结构预测模型的构建理念、方法和步骤，详细分析了彩票混沌与分形建模的4种主要模式；第五章在扼要介绍大数据预测的特点后，重点介绍了大数据、计算机技术与彩票混沌、分形预测相结合的理念、设计和景气条件，建立了5个大数据智能基本预测模型，作为彩票混沌与分形预测的主力军；第六章在简单介绍“杀号与选号”“静态与动态”“单一与组合”预测方案的基础上，着重突出了“保本盈利大奖”的预测方案，讨论了彩票预测能力的检验和预测与中奖的关系；第七章介绍了“33个红球直选6个、16个蓝球直选1个”和混沌组合两种实战投注模式及实验分析；第八章分析了彩票混沌预测的普适性、局限性和发展方向，特别介绍了如何把双色球混沌与分形预测的方法，迁移到具有混沌现象的股票和3D等其他乐透型彩票上。附表汇集了可自动更新的、预测所必需的22个全智能化预测云数据库，为了便于读者掌握各预测模型的计算机操作，还会免费赠送彩票混沌预测计算机操作演示视频。本书以双色球为研究对象，书中的“彩票”指乐透型彩票。凡是注有“※”符号的部分，初中以下文化程度的读者可以不看。

由于作者水平有限，错误与不当之处，恭请读者批评指正。

目录

目 录

第一章

当前彩票预测中的“十万个为什么”

据统计，我国目前已有2亿多彩民，他们是改革开放以来仅次于网民的第二大群体。但是，其中真正通过科学预测实现“保本盈利大奖”的人却寥寥无几。《彩票大揭秘——彩票的混沌与分形》一书指出，当今国内外彩票界的主要思潮和理念还受到300多年前的旧观念、旧方法的影响，无论是学术专著还是科普宣传，大多把彩票现象视为一种“随机现象”“小概率现象”，对于彩票这个“红灯区”总是“绕过红灯走绿灯”，所以很多人错失了在复杂的“红灯区”发现彩票混沌秘密的机会。

彩票市场的绝大多数彩民存在“不保本”的问题。如何才能迈上一条“既娱乐奉献、又保本盈利”的路，是广大彩民，特别是中低收入群体梦寐以求的事情。值得一提的是，反腐败斗争揭发出少数不法分子，利用手中的权力弄虚作假，人为制造了彩票混沌系统额外的蝴蝶效应，助长了彩票“不可认识”“不可预测”“不可投资”的“神话”。在一些经济欠发达或交通不便，但又受到改革开放意识强烈冲击的地区，特别是有的农村，有关彩票的伪科学泛滥成灾，地下彩票市场及封建迷信五花八门，鱼目混珠，广大彩民不知所措。这严重搅乱了蓬勃发展的彩票市场，坑害了不少执着而纯朴的彩民。

在众多不确定因素的笼罩下，关于彩票的预测众说纷纭。但归纳起来，无论国内还是国外，彩票投注都有两条选号途径：

第一，机选。在我国发行彩票的前几年，采用机选的彩民占 2/3 以上。但 2003 年统计，采用机选的彩民只占 20%。在彩票事业十分发达的西方国家，自选一般占 70%以上。可见，随着彩票事业的不断发展，采用机选的人越来越少，自选的人越来越多。

第二，自选。为什么自选的人数越来越多？因为彩票有章可循。每个彩民都有自己独特的经验和方法，自选的方法五花八门，可大致归集为以下 9 种。

（1）运气。根据个人的博彩经验，简单选几个号码进行投注。

（2）灵感。突然灵机一动，或者触景生情，脑海里闪出一个、几个或一串自认为可以中奖的号码。

（3）侥幸心理。选择生日、星座、土象、方位、门牌号或电话号码、幸运时间等作为预选号码。

（4）自制、模拟中奖号码。仿照游戏规则，用扑克牌、桥牌、麻将，甚至计算器和电脑模拟摇奖号码，排列组合成符合游戏规则的投注号码。

（5）通过学习《易经》，研究阴阳五行学说，进行天人合一的预测。

（6）移植股市中的波动理论，进行“短期、中期、长期”“一浪、二浪、三浪”的预测。

（7）运用“聪明”组合，把具有亲缘关系或特殊数量关系和空间形式的彩球优选出来，再经过适当的排列组合进行投注。

（8）通过“惯性”“相邻”“回归”和“7期威力”“10期统计”等方法，寻找“风向”“季节”等，像天气预报一样进行短期预测。

（9）应用概率论和随机理论进行数理统计，选择号码，然后排列组合。用“旋转矩阵”，或随机压缩筛选，或进行“胆拖组合”，或编制预测缩水软件，对彩票进行随机预测。这是当前国内外彩票预测的主流方法。

无论是波动理论还是概率论，无论用主流方法还是支流方法，极少有人可以正确预测中彩数字，极少看到成功的中奖预测案例和预测的程序、步骤、方法及方案。彩票究竟能不能科学预测？有没有科学的预测途径？有没有科学规范的方法？有没有“不亏损”的方案？有没有“不用计算”的预测方法？选择大概率的彩票号码是否能中奖？期期选重号、期期选热号、期期选连号，能否中奖？选择长期没有出过的冷号与常出现的热号进行搭配，是否也能中奖？每期6个中奖红球总是热号、温号或热号、温号、冷号搭配，有无规律，搭配比例是什么？按此比例组合投注，能否中奖？每期开奖中有无黑洞（不会被摇奖机摇出的彩号码），捕捉黑洞的条件是什么，有没有捕捉黑洞的方法和模型？市场上流行的单个彩球走势图有用吗？可以用股票波动理论进行波浪预测吗？“风水投注站”可信吗？

有人说，中奖号码与过去被摇出的号码有关。究竟是什么关系？有没有规律？

有人说，彩票具有回归性。是线性回归，还是非线性回归？究竟怎样预测回归？

有人说，“要在7期内找规律”“在10期内进行统计”。有无道理？

有人用守株待兔的办法喜中大奖，这种方法能推广吗？

有人提出“聪明组合”，聪明程度有多大？

人们都喜欢旋转矩阵，旋转矩阵能确保赢得奖项吗？

有人提出“胆拖组合”，是良好的愿望还是实战的需要？

一般都用传统的排列组合进行压缩，有没有更好的排列组合方法？

有人说，彩票预测像天气预报一样。彩票有没有“好天气”？“好天气”的标准是什么？怎样寻找“好天气”？

分子生物学最大的发现是对基因的有效克隆，彩票可以克隆吗？要增加杀号，是否可以不断地克隆？

有人说，预测就要中奖。预测与中奖是一回事还是两回事？彩票预测的自变量是什么，因变量是什么，已知量是什么？

中奖的必要条件是什么，充要条件是什么？会不会像解方程一样，存在一个路线图？预测的程序和步骤是什么？

多数彩民“亏得多，盈得少”，是否存在“保本盈利大奖”的方案？如何实现“以小博大”？如何实现“既娱乐奉献、又保本盈利”？

有没有不用计算，只需看数据或图表便可预测的方法？

有没有计算机全智能或半智能的彩票预测方法？有没有一锤定音的模型？

如果拥有科学的预测方法，是否可长期投注？是否可连续投注？是否可期期投注？是否可期期获奖？

这些彩票预测中的“十万个为什么”，不仅扰乱了彩民的心，也冲击着彩票市场，甚至形成了滋生各种骗局的土壤。有人成立“缩水公司”，利用“概率论”骗取彩民的钱财。有人公开兜售黑市印刷的3~5元一本、1~2元一张的带有封建迷信色彩的所谓“彩票预测资料”，坑害了不少彩民，搅乱了正常的彩票市场。

混沌理论的诞生，为揭示彩票混沌之谜，开辟彩票混沌与分形预测的新篇章奠定了基础。国内外一些教授、专家、学者和彩票爱好者也逐渐认识到彩票现象并非是一个简单的外随机现象，而是一种复杂的混沌现象。我国的一些出版物发出了彩票混沌的声音，大胆地提出了“蝴蝶效应”“伪随机”“彩票动力学”等概念。越来越多的彩票专家、学者已经看见了彩票混沌预测的曙光，掌握了彩票混沌的某些特定属性，认为“电脑彩票是有规律可循的”，而且“在大量统计数据中，皆存在一些短暂的规律性”。进而总结出一些选号方法，如“相邻预测”“威力十足的七期选号法”“10 期统计法”“回归法”“黑洞法”“天气预报法”等。

众多专家和学者从不同角度、不同侧面，有意识或无意识地揭示出了彩票混沌和分形预测中的“对初始条件的敏感依赖性”“短期性”“标度不变性”“非线性回归性”“内在随机性”“自相似性”“自组织临界性”等混沌、分形的特定属性，使彩票预测逐渐从“外随机”走向“内随机”，从“线性”走向“非线性”，从“无序”走向“有序”，从“人工”预测走向“智能”预测，从“小数据”预测走向“混沌边缘”预测、“临界点”预测和“大数据”预测，从结构模型预测走向非结构模型预测，从长期预测走向短期预测，从期期预测走向“景气”“季节”预测……特别是“33 个红球直选 6 个、16 个蓝球直选 1 个并中奖”的“不用计算，只用数据、图表”和“计算机自动化”的“保本盈利大奖”直杀预测模型和混沌组合的问世（详见第四至六章），大大缩短了预测的时空距离，大幅度提高了预测的实效性，加快了彩票预测大众化和社会化的步伐。尤其是在近几年，通过清除彩票弄虚作假等腐败现象，我们迎来了科学预测的春天。

随着第三次科技革命和第四次工业革命的不断推进，混沌与分形理论从自然科学渗透到经济和金融等社会科学领域。人工智能和大数据浪潮正冲击着各个领域，传统的彩票预测正受到巨大的冲击，现行彩票预测的方法逐渐趋于集中，彩票预测中的“十万个为什么”正在逐一得到融合和统一，彩票混沌和分形预测的曙光像一轮红日，正驱散着笼罩大地的乌云，普照全球。

第二章

彩票混沌与分形预测的方法和分类

20世纪60年代以来，“新三论”（协同学、耗散结构理论、混沌理论）的快速发展，把“老三论”（控制论、信息论、系统论）引出的学科交叉融合推向了“跨学科研究的新时代”，以更广阔的科学视野、更深厚的理论背景，打开了不可逆的、远离平衡的、非线性的、复杂科学的大门，特别是混沌与分形理论在物理、化学、生物、生态、气象、非平衡宇宙领域的应用，如混沌控制和同步在通信、军事、非线性经济、金融、人体疾病、电力、水文等领域的调制、识别、预测方面的应用，几乎涉及各个行业。随之产生的解释模型、结构模型、假说模型、符号模型、理论模型、预测模型等像雨后春笋在各个复杂领域蓬勃发展，彩票的混沌与分形预测方法及模型水到渠成。

※第一节　彩票混沌与分形预测的方法

预测已有几千年的历史，但预测真正成为一门独立的学科（预测学）却是近几十年的事情。预测学是一门集思维方法和科学研究方法于一体的应用科学。20 世纪 60 年代以来，特别是近年来，按 Tomiyuki 和 Ryogi 的说法，引起最大关注的预测方法有两大类：一类是指数方法；另一类是预测组合方法。

一、彩票混沌与分形预测的指数方法

指数方法的实质是“先组合信息，然后进行预测”，典型的例子是国民经济和金融系统中的景气指标预测。“景气”这个概念最早用在经济方面，后来推广到金融等多个领域，是对社会、经济、金融、证券、期货发展状况的一种综合性的表述。景气的动向是通过多种指标体系来反映的，例如对于经济总体运行的峰和谷，可用同步指标、超前指标和滞后指标反映出来。一般所说的工业总产值、农业总产值、通胀指数、失业率等属于同步指标，这些指标的峰和谷出现的时间与工农业、经济、社会波动的峰与谷出现的时间是同步的。只要计算出这些指标，相应的社会经济状况就清楚了。计划指标、订货指标、股票指标等属于超前指标，而余额、库存等指标属于滞后指标。

彩票作为虚拟经济，与实体经济一样，是一个具有峰与谷的非周期波动系统。彩票混沌与分形预测的指数方法是指通过建立彩票景气趋势的超前指标、同步指标和滞后指标，对彩票的景气程度、运动趋势进行预测，以揭示最佳投注机会。

二、彩票混沌与分形预测的组合方法

组合方法的实质是“先预测，后组合”，即“首先利用单变量独立地进行预测，然后将预测的结果通过某种方式进行组合，得到最终的预测结果”。彩票混沌与分形预测广泛地采用了预测组合方法，即通过结构模型和非结构模型，先用全局的、局部的、自适应的单一预测方法进行预测，再以优化组合的方式进行信息组合、方法组合和预测结果的组合，实现全面的、综合的、全方位的预测。这样既提高了预测的精确度，又减少了选号个数，降低了投注风险，把预测与中奖紧密结合起来，大大提高了彩票投资的效率。

※第二节 彩票混沌与分形预测模型的分类

一、彩票混沌与分形预测模型分类概述

混沌与分形预测一般都是通过模型来实现的，但由于思维方法不同、使用的数学工具不同、预测的期望值不同等，预测模型可分为多种类型，至今还没有一个统一的标准。从预测的角度，混沌与分形预测模型可从方法论、驱动方式和预测精确度几方面进行分类；从方法论的角度，可分为全局预测、局部预测和自适应预测；从驱动方式的角度，可分为理论驱动建模的结构模型和数据驱动建模的非结构模型；从预测精确度的角度，可分成单一预测模型和组合预测模型。关于数据驱动建模的非结构模型、单一预测模型和组合预测模型的论述将在后面的几章逐一展开，下面简要回顾全局预测、局部预测和自适应预测（详见 2016 年出版的《彩票大揭秘——彩票的混沌与分形》一书）。

从方法论的角度，混沌与分形预测可分为全局预测、局部预测和自适应预测。这种分类的要点是按建模的数据，即占相空间的相点多少进行分类，全局预测将轨迹中的全部相点作为拟合对象，找出规律，由此预测轨迹的走向。这种方法概念清楚，但是当映射关系复杂，或噪声干扰较大时，实践起来比较困难。由于“混沌吸引子主要集中在低阶不稳定周期轨道的邻域内，并不断地在该轨道内往复和循

环。不稳定轨道的邻域由吸引子在该周期轨道附近的结构和点的运动组成，并由该轨道的切空间决定；而稳定周期轨道的切空间是系统整体动力学在该轨道处的线性近似。所有落在不稳定周期轨道的线性邻域内的集合称为邻近点，邻近点可以从实验记录到的时间序列中获得，它包含了混沌系统的局部特征"①。局部预测方法正是紧紧抓住了具有混沌系统局部特征的邻近点，突出了在这一点上混沌吸引子轨道的往复循环和线性近似。因此局部预测就是基于"相空间中某一点的演化行为可由具邻近点的演化行为反映出来，即在相空间中寻找预测点的演化行为可由其邻近点，并将此最邻近点的轨道上的下一点作为预测值输出"。这种方法"只反映了吸引子的局部特征，一旦超过相应的区域范围，局部模型的精度便会降低，甚至完全失效"②。也就是说，彩票的每次开奖预测属局部预测，局部预测就要寻找预测点（n期）的邻近点（n-1期）的演化行为，并以该点（n-1期）最邻近点的轨道上的下一点（预测点n期）作为预测值输出。因为预测点（n期）的演化行为可由最邻近点（n-1期）的演化行为反映出来，所以彩票预测就是根据第（n-1）期预测第n期，关键在于寻找（n-1）期的局部演化特征。

自适应预测指根据当前获得的数据与当前的预测误差，进行自我适当调整或修正参数的预测方法。混沌现象是一种非周期的定态现象，它有定态的一面，又有非定态的一面，所以不可能有一个恒定不变的常数。换句话说，任何预测模型都要进行动态的而非静态的预测。要根据当前的误差，不断地改正，自适应地进行调整，虽然调整的幅度不大，但彩民往往就因为一个彩号码的误差而错失大奖。

---

① 倪大成．彩票大揭秘——彩票的混沌与分形［M］．北京：知识产权出版社，2016.

② 韩敏．混沌时间序列预测理论和方法［M］．北京：中国水利水电出版社，2007.

这里有两点需要注意：①对于任何新建的预测模型，在应用前必须根据彩票混沌遍历性的要求，进行 50～70 次的自适应预测调整；②所谓“相邻”“邻近”，指的是在迭代进程中从第（n-1）期迭代到第 n 期迭代，指的是纵向的“相邻”而非横向的“相邻”。例如重号模型、克隆模型及各种单变量、双变量、多变量预测模型，都是运用纵向的“相邻”，从上期（n-1 期）的开奖预测下期（n 期）。

二、以理论驱动的彩票结构预测模型

从驱动方式的角度来看，彩票混沌与分形预测可分为“理论驱动建模”的结构模型预测和“数据驱动建模”的非结构模型预测两类。非结构预测模型是本书的重点，将在以后几章详细阐述，结构预测模型在《彩票大揭秘——彩票混沌与分形的预测》一书中已有全面介绍，这里只做一个简单的回顾和总结，侧重介绍几个预测反差大、精确度高、与实战预测有关的结构预测模型，如彩票的克隆预测模型、彩票注的优化预测模型等。下面扼要介绍结构模型和非结构模型的特点和区别，重点介绍实战中常用的几个结构预测模型。

（一）以理论驱动的彩票结构预测模型的特点

1. 结构预测模型极大地依赖于彩票混沌理论，并与理论相对应，理论贯穿于结构预测模型的始终，具有固定的期望值

与理论相对应，指结构模型对理论具有极大的依赖性，依据的理论不同，结构模型也不同。当依赖于混沌理论时，结构预测模型为彩票的逻辑斯蒂映射模型 $C_{n+1}=\mu C_n\ (-C_n)$；当依赖于分形理论时，结构预测模型为彩票的分形模型 $h_n=h_{n-1}\rightarrow\cdots$ 和关联模型 $x_n=x_{n-1}\rightarrow\cdots$。由于彩票结构预测模型极大地依赖于混沌理论与分形理论，较少考虑变量数据之间的内随机统计关系，因此在掌握“阀门”，选准混沌运动中的控制参数 μ 或分形中的增量 Δh、Δx 和层次的多少（公式中

"→"的多少）方面，容易产生伪回归。同时，由于它的建模和整个建模过程都与彩票的混沌理论相对应，预测的结果只与控制参数 μ 和状态变量 C 有关，与运动时间无关，预测的精确度完全取决于控制参数。当系统因时间演变出现有偏随机游动时，控制参数的"阀门"也将随之发生变化，如果在趋势出现明显变化前仍选用固定控制参数的"阀门"，就会出现预测失灵。因此，结构模型在预测上具有一定的局限性，这也是结构模型的缺点。

2. 结构预测模型受理论驱动，以解释、监测为主

结构预测模型中的控制参数不随时间变化，即参数与时间无关，是一个无单位的常数，反映不了时间序列的时变性，因此预测功能不足。但是由于结构预测模型中的常数或变量系数通常都有明确的物理意义，因此常用于揭示运动的规律和属性。所以，以解释为主的功能常在结构模型中表现出来。另外，彩票的逻辑斯蒂映射模型 $C_{n+1}=\mu C_n(-C_n)$ 既是一个典型的结构模型，又是一个平庸吸引子（$0\leqslant\mu<\mu_\infty$）和奇怪吸引子（$\mu_\infty<\mu\leqslant4$）并存的复合吸引子。存在这个吸引子的情况下，可以用李雅普诺夫指数 λ[①] 来监督、判断彩票系统是否处于稳定运动的状态。

3. 结构模型与结构有关

"结构"，指系统元素（彩号码或涨落高度）之间一切联系方式的总和。这种联系方式是多种多样的，有空间的联系（如区间中的彩号码）和时间的联系（如同一彩号码在不同时间的涨落高度），有持续的联系（如不断地开奖、迭代）和瞬间的联系（如作为连号的彩号码之间的相邻性是瞬时的，不会持续），有确定性的联系（如当 $0<\mu\leqslant3$ 时，C_{n+1} 与 C_n 的抛物线关系）和不确定性的联系（如当 $\mu_\infty<$

① $\lambda>0$ 时，$\mu_\infty<\mu\leqslant4$；$\lambda<0$ 时，$0\leqslant\mu<\mu_\infty$。

$\mu \leqslant 4$ 时，混沌的出现）。由于彩票系统元素之间存在多种多样的联系，便产生了多种多样的彩票结构，如每期 6 个红球的彩号码的大小、奇偶、涨落高度等都不尽相同。所以，应该根据不同的彩票结构，选择不同的控制参数 μ、分形中的增量 Δh 与 Δx，以及不同的分形层次（公式中不同的箭头"→"个数和空间位置）；根据不同的待定对象，选择不同的分形和关联模型。若要精确预测 16 个蓝球中每个单一蓝球的彩号码，则应该建立 16 个不同的与之相对应的分形和关联模型。如果仍采用蓝球整体运动的分形模型和关联模型，有时就会导致较大的失真。相反，如果对 16 个蓝球中的每一个彩号码都建立与之相对应的分形和关联模型，预测的精确度会大大提高。

4. 结构模型中的控制参数具有常数性

结构模型中的控制参数反映了已知量与未知量之间的数量关系。利用结构模型进行预测时，实际上假定了过去彩票运动规律的不变性。例如把"阀门"选在 $\mu \leqslant 2.7$，实际上假定了预测期一定出现偏热，并与过去偏热程度相当；把"阀门"选在 $\mu \geqslant 3.44$，实际上假定了预测期一定出现偏冷，并与过去偏冷程度相当。这说明结构模型控制参数的常数性，正好为我们利用模型进行预测提供了依据。

结构模型中预测参数的常数性，指的是一个范围，超过这个范围不等于绝时不变。也就是说，控制参数的常数性是相对而言的。如当 $\mu \in [0, 4]$ 时，参数 μ 在区间 $[0, 4]$ 范围内是相对变化的，只是在某一段相对较短的时间里，结构模型的参数变化不大，如果能抓住这个变化的机会选择 μ 的相应值，预测精确度就会提高。相反，如果参数 μ 在较长时间里已经发生了不可忽视的变化，再假设参数为常数或选用原来不变的参数值，预测误差一定会很大。当然，也可考虑建立一个参数随时间或空间的变化而变化的参数模型，并结合到结构模型中去，感兴趣的读者可以进行尝试。

结构模型中的参数的常数取值，与初始条件有关。不同的彩票，游戏规则不同，所以彩票品种不同，控制参数也不同。基于不同的初始条件，不同类型的彩票，选用的参数值肯定不同。即便是同一种彩票，在不同时间、不同场合，甚至在同一个地点，同一个摇奖机上，因电压、温度、湿度、操作等不同，初始条件仍会产生微小的差异。所以，参数的常数值的选择，是准确预测的前提；正确掌握“阀门”，选准控制参数是预测成功关键。

5. 结构模型也要进行自适应预测

如前所述，任何预测模型都要进行自适应预测，结构模型与时间无关，要进行动态的而非静态的预测。还要根据当前的误差，不断地改正，进行自适应调整，特别是在分形模型和关联模型中。

为了平滑系统噪声，一般都采用平均值法选择状态变量，如用 $\overline{\sum n^7}$、$\overline{\sum n^{13}}$、$\cdots\overline{\sum n^m}$ 代替单个彩号码 x 或涨落高度 h。而平均值往往与人为选择的精确度（0.1、0.01、0.001、0.0001 等）有关，对于预测走势、方向这类精确度要求不高的期望值，精确度的选择自由度大，但是要把预测精确限定在某一个彩号码或某一涨落高度，精确度的选择就显得十分重要。例如，$x_n=3.45$，当精确度取 1.0 时，则 $x_n=3$；当精确度取 0.1 时，则 $x_n=3.4$。而当取精确度为 0.01 时，则 $x_n=3.45$。显然，精确度不同，预测结果也不同，更何况“4 舍 5 入”这种运算本身就有误差。要知道，精确度 0.1 和 0.01 之间的误差比第一个发现混沌现象的美国科学家洛仑兹遇到的 0.001 的误差大 1~2 个数量级。所以，计算平均值时最好用计算机进行计算，精确度一般取 0.000001。

（二）以理论驱动的彩票结构模型的分类

以理论驱动的彩票结构模型，分为以彩票混沌理论驱动的彩票结构模型和以分形理论驱动的彩票结构模型。以彩票混沌理论驱动的彩票结构模型，按功能又可分为两类：一类是结构解释模型；另一类是结构预测模型。两者的根本区别在于，模型的状态变量是否直接可度量、可观察。彩票的逻辑斯蒂映射 $Cn+1=\mu Cn\ (1-Cn)$，是彩票混沌理论驱动的抽象模型，具有解释功能，不具有预测功能。因为彩票密度 C 这个状态变量是不可直接观测或度量的，但它揭示出了彩票混沌的本质，合理解释了彩票预测中的“十万个为什么”，定量描述了彩票系统混沌运动的规律，是乐透型彩票的一个抽象的、简化的原型，具有整理、组织信息和解释的功能，具有描述彩票系统内在联系和演化的功能，具有简单性、统一性、整体性的抽象模型的特性，因此是彩票混沌运动的原型。彩票的结构预测模型是在此基础上演绎产生的。即对于彩票的逻辑斯蒂映射：

$$Cn+1=\mu Cn\ (1-Cn) \tag{2-1}$$

其中，$\mu\in(0,\ 4)$，$Cn\in[0,\ 1]$。

令 $Cn=\overline{\sum_{i=1}^{p}h_n}/M$，$Cn+1=\overline{\sum_{i=1}^{p}h_{n+1}}/M$，并代入得：

$$\overline{\sum_{i=1}^{p}h_{n+1}}=\mu\overline{\sum_{i=1}^{p}h_n}\left(1-\overline{\sum_{i=1}^{p}h_n}/M\right) \tag{2-2}$$

其中，$\mu\in(0,\ 4)$，$\overline{\sum_{i=1}^{p}h_n}\in[0,\ M]$，$\overline{\sum_{i=1}^{p}h_n}=\dfrac{h_1+h_2+\cdots h_p}{P}$。

式（2-2）就是彩票的结构预测模型，它与彩票的逻辑斯蒂映射（彩票的结构解释模型）是等价的，只是 Cn 的区间［0，1］与 $\overline{\sum_{i=1}^{p}h_n}$ 的区间 $[0,\ M]$ 不同。但是由于结构预测模型中的状态变量既可以是 $\overline{\sum_{i=1}^{p}h_n}$，也可以是 h_n；既可以是红球，也可以是蓝球；既可以是单个彩号码的 h，也可以代表所有彩号码或某几个彩号码，所以，只要是可观察、可度量并与涨落高度有关的状态变量或因变量都适用于结构预测模型，只是相对应的 M 不同。因此，彩票的结构预测模型和结构解释模型都具有普适性，结构预测模型更具灵活性。

最值得关注的是，彩票的结构预测模型虽然比结构解释模型更具预测功能，但与非结构模型比较，其预测功能较弱，单凭某一个结构模型，很难中奖；如果把多个单一的结构模型进行组合预测，最多实现“以大博大”，这绝不是我们的目标。必须把结构模型和非结构模型结合起来，并以“非结构模型为主、结构模型为辅”，将“定量预测与定性预测相结合”，“多变量、多模型进行最优化的组合”，实现“综合的、立体的、全方位的”预测，才能实现“以小博大”，“既娱乐奉献、又保本盈利”的目标。

三、以数据驱动的彩票非结构预测模型

非结构预测模型的建立源于结构预测模型的失灵。结构预测模型失灵的原因在于参数随时间变化的不变性，而非结构预测模型是以变量随时间变化的时序性为基础，奉行的是“让数据自己说话”的哲理。从结构预测模型到非结构预测模型的发展经历了一个曲折的过程。结构预测模型以经济理论为基础，以经济理论的发展为主线。1936 年，英国经济学家凯恩斯发表了《一般均衡论》一文，提出了最负盛名的“一般均衡理论”，激励着计量经济学家对这一理论的量化工作，以联立方程模型为代表的经济预测模型把结构模型推进了一个黄金时代，结构预测模型成为当时经济预测的最有力工具。但 20 世纪 70 年代出现的“滞涨”问题和以后出现的“卢卡斯批判”，使凯恩斯理论陷入了困境。中国社会科学院研究员汪同三、张涛在《组合预测——理论、方法及应用》一书中详细记载了这一过程，“卢卡斯认为结构预测在方法论上存在着基本缺陷：用于预测的联立方程模型实质上是一种条件预测，因此，当政策发生变化时，决定模型参数

的条件也应该发生变化，仍以不变的模型参数预测已经发生变化的宏观经济，其后果必然是预测失灵”。

此后，计量经济学家开始从两方面解决结构预测模型中存在的问题。第一，修补结构预测模型中存在的问题；第二，从结构预测模型转向非结构预测模型，在方向上进行革命。20 世纪 70 年代后期，以经济变量的时序性为基础、以数据驱动的非结构预测模型，逐渐成为预测的主流。彩票的预测，同样应以彩票状态变量的时序性为基础、以数据驱动的非结构预测模型为主流，以预测的成败为主线。所以，本书将以非结构预测模型为中心，用四章（第三至六章）全面介绍非结构预测模型的建立、特点和实战中的彩票非结构直杀预测模型，梳理以非结构预测模型为中心的预测方案和实验分析，阐述如何把结构预测模型和非结构预测模型结合起来，实现“以小博大”的目标。

（一）以数据驱动的彩票非结构预测模型的特点

（1）从方法论角度来看，非结构预测模型类似神经网络方法“只看结果”的理念，减少了蝴蝶效应与有偏游动的纠缠。因此，非结构预测模型多与冷号无缘（以涨落高度 h 为自变量的体系除外），但这不等于非结构预测模型的建立不考虑初始条件（详见下述）。

（2）突出彩票状态变量的时序性，重点考察彩票混沌时间序列的数据特征，因此用时间序列进行分析，用数据驱动建模是非结构预测模型的核心。

（3）是一种纯粹的时序分析方法。彩票系统运动涨落的数据都要在时间序列中表现出来，特别是短期的景气、趋势更是在时间轴上表现出内随机性。因此，非结构预测模型是彩票短期预测的强大工具。

（4）非结构模型预测的“目的是要辨别并估计一个可解释现有数据生成过程的统计模型，且模型的特征在不同时期里，特别是在未来的时期里保持不变，即数据的平稳性是非结构模型的基础”[①]。然而，彩票系统的无穷涨落大都是非稳定的，如果用非结构预测模型时正巧碰上非稳定时间序列，也容易出现预测的差异。因此，任何一个非结构预测模型建模初期都要经过 7~10 期，最好 50~70 期自适应预测的调整。如果管理层人为改变初始条件，这种自适应调整的时间则会更长。

（二）以数据驱动的彩票非结构预测模型的分类

以数据驱动的彩票非结构预测模型，从实战出发可分为计量型彩票非结构预测模型与非计量型彩票非结构预测模型。

计量型彩票非结构预测模型的主要特点是：①必须通过烦琐的计算；②必须对计算结果进行验证；③不需要建立数据库；④计算工具灵活（心算、笔算、计算器或计算机计算）；⑤预测时间长。

非计量型彩票非结构预测模型又叫彩票直杀模型，主要特点是：①只需用数据、表、图，不必通过计算；②必须建立从源头开始的大量数据库；③必须用计算机做预测工具；④预测程序简单、方便；⑤预测时间极短；⑥时间噪声和大数据噪声大。

为了满足初中以下文化彩民的需要，本书提供双色球开奖以来大量的全智能和半智能数据库，并重点介绍非计量型彩票非结构直杀模型，特别是实战中双色球的 17 个直杀模型（详见第四至五章）。

第三节　实战中必须掌握的彩票结构预测模型

以理论驱动的彩票结构预测模型很多，在《彩票大揭秘——彩票的混沌与分形》中已详细介绍过，这里只回顾并重点介绍两个在彩票

① 汪同三，张涛. 组合预测——理论、方法及应用［M］. 北京：中国社会科学文献出版社，2008.

预测中必须首先掌握的彩票克隆、彩票注的优化结构预测模型。

一、彩票的克隆预测模型

彩票的逻辑斯蒂映射 $Cn+1=\mu Cn\ (1-Cn)$，也是一个迭代方程，既反映了彩票系统的离散特性，又反映了彩票系统的迭代（反馈耦合）机制，深刻地揭示出彩票系统运动前后的动力因素，第 n 期的涨落决定了第（n+1）期的涨落。彩票预测是在相邻两期中进行，即已知上期（n-1 期）的开奖，预测下期（n 期）。但是，（n-1）期的时空属性是有限的，要在这有限的时空把 33 个红球压缩到 6 个，把 16 个蓝球压缩到 6 个，是很难的。要在有限的时空提高彩票预测的准确性，最有效的方法就是克隆。关于彩票的克隆，在《彩票大揭秘——彩票的混沌与分形》一书中已详细介绍。这里从实战预测的角度，重点剖析彩票克隆预测模型的建立和克隆的计算机操作。

（一）克隆预测模型的建立

任何模型都是由变量和参数组成的，预测的效果与黑洞的数量、所取精确度有关。下面对克隆对象、黑洞、精确度的选择和克隆模型的数学表述、计算机操作等逐一进行介绍。

1. 克隆对象的选择

在彩票预测中，选择克隆对象要注意四点：①克隆对象可以是彩号码、涨落高度、彩票指数和彩号码在某倒数期中出现的次数等诸多变量；②可以用单变量做克隆对象，也可以用双变量和 3 个以上的多变量做克隆对象；③克隆对象不同、捕捉的信息不同，预测的效果也不同，对于同一个克隆对象，也可以进行不同的整合，整合的模式不同、捕捉的信息不同，预测效果也不同；④同步克隆 2 个或多变量，比克隆 1 个或 2 个变量更准确。

2. 克隆黑洞的选择

“黑洞”指很难被摇奖机摇出的禁区，或者说在这个时空域被摇出的概率极小。例如，当对每期 6 个红球从小到大排列，一般 $i=4$，$m=4$、5、6、9、11 的红球，即 x_4^{n-4}、x_4^{n-5}、x_4^{n-6}、x_4^{n-9}、x_4^{n-11} 最不容易在第 n 期摇出来。例如，20130127 期（n-1 期）第 4 个红球的倒数第 4、第 5、第 6、第 9、第 11 期红球 23、11、15、22、24 不容易在 20130128 期（n 期）摇出来。蓝球与红球一样，具有黑洞现象，而且精确度更高。例如，预测期（n 期）倒数第 6、第 7、第 11、第 13 的蓝球 x^{n-6}、x^{n-7}、x^{n-11}、x^{n-13} 很难被摇奖机摇出来。如果把预测期（n 期）倒数第 6、第 7、第 11、第 13 的蓝球 x^{n-6}、x^{n-7}、x^{n-11}、x^{n-13} 称为黑洞，那么 201401~2014010 期的黑洞如表 2-1 所示：

表 2-1　201401~2014010 期的蓝球黑洞

开奖期	x^{n-7}	x^{n-9}	x^{n-11}	x_n
201401	1	1	2	1
201402	11	8	15	4
201403	10	1	11	12
201404	9	11	8	15
201405	5	10	1	4
201406	10	9	11	14
201407	5	5	10	14
201408	1	10	9	12
201409	4	5	5	16
2014010	12	1	10	11

广义来说，凡是难被摇奖机摇出的彩号码都可以叫黑洞；狭义来说，在一定条件下很难被摇奖机摇出的彩号码称为黑洞。条件不同，黑洞也不同；对不同的变量进行克隆，得到的黑洞不同，数量也不同。对以极差和落差为自变量的指数进行克隆，相比对以彩号码 x 和

涨落高度 h 为自变量的其他指数进行克隆，黑洞数量更多、精确度更高。例如，当彩号码为 1、2、3、4、5、6，取前 3 位数字时，则和值 $\sum_{i=1}^{3} x = 1 + 2 + 3 = 6$，极差 $\delta x = 3 - 1 = 2$。可见，在 5 位数中和值 $\sum_{i=1}^{2} x = 6$ 的还有 1 + 5、2 + 4 两种形式，而极差 $\delta x = 2$ 的却还有 4 - 2、5 - 3、6 - 4 三种形式，即后者比前者多一种排列形式。可以想象，当 3 个数字变成 16 个蓝球或 33 个红球，极差 δx 排列组合的形式远比和值 $\sum_{i=1}^{2} x$ 多。如果 $\sum_{i=1}^{3} x = 6$，极差 $\delta x = 2$，则中奖号应为 1、2、3。从这个意义上看，6 是和值 $\sum_{i=1}^{2} x$ 的黑洞，4、5、6 是极差 δx 的黑洞。所以，要增加杀号，就要增加黑洞，把克隆模型建立在以极差和落差为自变量的指数体系上。建立的模型为选号，则应建立在以彩号码 x 为自变量的极差、极差指数等的体系上；建立的模型为杀号，则应建立在以涨落高度 h 为自变量的落差、落差指数等的体系上。

实践表明，建立极差 δx、极差指数 Z_x、极指差指数 F_x、综合指数 K_x、倒数 m 期平均和值指数 W_x、涨落高度 h 的落差 δ_h、落差指数 E_h、落指差指数 F_h、综合指数 K_h 等单变量，以及极差指数 Z_h 与倒数 m 期平均和值指数 W_h、极指差指数 F_x 与倒数 m 期平均和值指数 W_h、彩号码在某倒数期中出现的次数等多变量的克隆黑洞模型，杀号最多，选号最少，中奖的覆盖率最大。详细阐述见第四章。

3. 克隆次数和精确度的选择

（1）克隆次数的选择。在彩票基因组的复制中，应复制（选择）多少期，即 M 的值是彩票克隆预测中的一个“阀门”的问题。一般来说，对于任何乐透型彩票，$M=3$、5、8（7）、13、21、34、…，永远置于彩票的离散混沌时间序列之中；彩号码 x 基因组复制的个数 M 与选号个数有关，也与预测的精确度有关：M 越大，精确度越高，选号越多，但杀号个数越少；M 越小，杀号个数越多，但精确度越低。因此，确定 M 值的大小时必须划定一个最优的下限。在计算机的帮助下，不仅可以实现克隆次数 M 的最优化，还可实现每期需连续取值的倒数期数 m 的最优化。要达到一定的期望值，一般可通过两个途径：①选择多个变量，建立多个模型，每个模型的变量或多变量只克隆一次，如 3D 的克隆预测模型；②优选少量模型，对每个变量或多变量克隆多次（3、5、8、…，最多 34 次），如蓝球的 E_h 与 $\overline{\sum_i^m h}$ 的双变量克隆预测模型。

（2）克隆精确度的选择。克隆的效果与精确度有关。克隆预测模型的精确度可取 0.000001、0.001、0.01、10^1、10^2，以 0.000001 为最优。当精确度取 0.000001 克隆无效时，可取 0.01，但准确度会降低，而 0.001 与 0.000001 相近，可作为后补。

4. 克隆模型的数学表述

克隆，就是等价。在数学上可用等号“=”表示，即当 $a_1=a_2$ 时，则 $a_1-a_2=0$，数学上常简写成 $\Delta a=0$，其中符号 Δ 表示“相减”的意思。所以如果克隆“和值指数 η_x”，把 η_{xn-m} 克隆为 $\Delta\eta_{xn-m}$，则可写成 $\Delta\eta_{xn-m}=\Delta\eta_{zn-1}$，简写成 $\Delta\eta_x=0$。同样，克隆落差指数 F_h，可简写成 $\Delta F_h=0$。相反，当看见 $\Delta F_h=0$，便知道 $F_{h_{n-m}}=F_{h_{n-1}}$，是对极差指数 F_h 的克隆，$n-m$ 表示克隆期数，m 表示克隆次数。

（二）克隆的计算机操作

由于彩票的混沌预测是一种大数据现象，凡有条件的应采用计算机操作。“克隆”的计算机操作方法如下。

用鼠标箭头按以下程序点击左或右键：（n-1）期克隆对象（δx、$\sum x$、…）（按左键）→（按右键）→“筛选”→“按所选单元格的值筛选”→（按左键）→（克隆表）。具体操作可参考演示视频。

在克隆时要特别注意以下两点：

第一，彩票克隆预测，不是每期都可以进行。彩票的克隆预测同其他混沌与分形预测一样，具有季节性和景气期，只有第（n-1）期的彩票指数在景气情况下，才能实现有效的克隆。景气条件一般可从3个方面进行判别：①在（n-1）期 η_x、$\overline{h}$、h 值的大小；②对 η_x、Δx、x_1 克隆的成败和克隆期数的下限要求；③各预测模型复制数大于等于 $M=23$、30、33、35、42、43、68（详见第五章）。

第二，对任何一个指数、变量都可以进行克隆，无论是在创建更多模型，还是在增加杀号方面，都会产生神奇的效果（详见第四、第五章）。

二、彩票注的优化模型

红球的彩票注，是由6个奖号从小到大排列组成的红球彩号码；蓝球的彩票注，是根据彩票混沌涌现的属性、人为拟定的、按开奖期倒数13期蓝球组成的蓝球彩号码。每个彩票注都对应着一个涨落高度，只是这个涨落高度指某期的涨落高度的和值。也就是说，某期（n期）红球的彩票注指该期6个红球涨落高度之和，某期（n期）蓝球的彩票注指该期倒数13期（含n期）蓝球涨落高度之和。这些涨落高度和值表现在每个开奖期，少数相同，多数不相同，有时偏低，有时偏高，有时又不高不低，变化无穷。但是，彩票克隆中的彩票注，指的是一对“基因组”，在彩票预测中就是符合彩票游戏规则要求的一组彩号码。每一个彩票注的涨落高度在彩票混沌的层面，有明显的内在随机性。根据红球彩票注中的内在随机性，可对彩票注按照“彩票混沌组合”→“Q_n 的选择”→“彩票混沌边缘模型”→“彩票指数的优化”的顺序进行优化。关于红球彩票注中的内在随机性，《彩票大揭秘——彩票的混沌与分形》一书中已有详细介绍，不再赘述。这里扼要回顾和总结一下在实战预测中，必须了解和掌握的彩票注特点、混沌组合、Q_n模型、彩票指数优化、混沌边缘模型等彩票注优化的基本知识、基本规律和模型。

（一）彩票注特点

彩票注的特点可从彩票注中涨落高度的特点和彩票注的内在随机性两个方面进行分析。

1. 彩票注中涨落高度的特点

（1）彩票注的涨落高度以 $h=0$、1、2、3 为主，每注 $h\geqslant 4$ 的，多数只出现 1 次，特别是 $h\geqslant 9$ 的，很难重复，最多 1 次。

（2）彩票注中的等高现象十分明显，且 50%以上集中在 $h=0$、1、2、3。彩票注的演变，集中反映在相同高度值（q）和不同高度个数（Q）的数量变化上。一般有三种情况。

第一，当第（n－1）期 $Q_{n-1}=5$ 时（出现 2 个号的 1 次“等高”），第 n 期（预测期）的 Q_n 为：

$$Q_{n-1}=5\rightarrow\begin{cases}Q_n=5\rightarrow \text{占 }89\%\rightarrow \text{选}\\Q_n=6\rightarrow \text{占 }11\%\rightarrow \text{选}\\Q_n=4\text{、}3\rightarrow \text{占 }0\%\rightarrow \text{杀}\end{cases}$$

第二，当第（n－1）期 $Q_{n-1}=4$ 时（出现 3 个号的 1 次“等高”），第 n 期（预测期）的 Q_n 为：

$$Q_{n-1}=4\rightarrow\begin{cases}Q_n=5\rightarrow \text{占 }83\%\rightarrow \text{选}\\Q_n=6\rightarrow \text{占 }17\%\rightarrow \text{选}\\Q_n=3\rightarrow \text{占 }0\%\rightarrow \text{杀}\end{cases}$$

第三，当第（n－1）期 $Q_{n-1}=6$ 时（不存在“等高”），第 n 期（预测期）的 Q^n 为：

$$
Q_{n-1}=6\rightarrow\begin{cases}\begin{cases}Q_n=6\rightarrow 占\ 68\%\rightarrow 选\\ Q_n=5\rightarrow 占\ 22\%\rightarrow 选\end{cases}\\ \begin{cases}Q_n=4\rightarrow 占\ 10\%\rightarrow 选\\ Q_n=3\rightarrow 占\ 0\%\rightarrow 杀\end{cases}\end{cases}
$$

(3)出现“等高”现象时，第(n-1)期的涨落高度 h_{n-1} 的大小与第 n 期冷号的关系如下：

$$
当(n-1)期\begin{cases}q_{n-1}=4、5、6、7、8、9、\cdots\\ Q_{n-1}=5\\ \delta h_{n-1}\leqslant 10\end{cases}\rightarrow \begin{matrix}第\ n\ 期冷号最少或\\ 无冷号且杀之\end{matrix}
$$

$$
当(n-1)期\begin{cases}q_{n-1}=0、1、2、3\\ Q_{n-1}=5\\ \delta h_{n-1}\geqslant 11\end{cases}\rightarrow 第\ n\ 期冷号最多，选\ 1\sim 2\ 个
$$

冷号

根据彩票注的内随机性特点，可预测下期会不会出冷号，出多少冷号①。

为便于读者掌握 Q_{n-1}、q_{n-1} 的意义，特列出表 2-2 以供参考。

表 2-2 关于 Q_{n-1} 和 q_{n-1} 的示意表

$x_{n-1}\rightarrow$	x_1	x_2	x_3	x_4	x_5	x_6
	3	5	17	20	31	33
$h_{n-1}\rightarrow$	h_1	h_2	h_3	h_4	h_5	h_6
	0	1	5	2	0	7
$\rightarrow$ $q_{n-1}=0、1、2、5、7$ $Q_{n-1}=5$						

① 这里的冷号指 $h\geqslant 9$。

由此可见，预测下期（n期）红球彩票注中的号码，关键在于预测下期（n期）红球彩票注中的涨落高度和不同涨落高度个数 Q 的大小。根据上面的数理统计，预测期（n期）的 Q_n 可用倒数第1期（n-1期）的 $Q_{n-1} \to Q_n$ 的方案来选择：

$$Q_{n-1}=6 \to \begin{cases} \begin{cases} Q_n=6 \to \text{首选} \\ Q_n=5 \to \text{选} \end{cases} \\ \{ Q_n=4、3 \to \text{杀} \end{cases}$$

$$Q_{n-1}=5 \to \begin{cases} \begin{cases} Q_n=5 \to \text{首选} \\ Q_n=6 \to \text{选、杀} \end{cases} \\ \{ Q_n=4、3 \to \text{杀} \end{cases}$$

$$Q_{n-1} \leqslant 4 \to \begin{cases} Q_n=4、5 \to \text{选} \\ Q_n=6、3 \to \text{杀} \end{cases}$$

以上三种方案也被称为彩票注 Q_n 选择模型。

对红球彩票注 Q_n 选择模型进行优化的步骤如下：

第一步，从红球涨落高度数据库中查出第（n-1）期彩票注中6个奖号相对应的3个要素：①涨落高度值的大小（h_{n-1}）；②涨落高度等高情况（q_{n-1}）；③不同涨落高度的个数值（Q_{n-1}）。

第二步，根据第（n-1）期的 Q_{n-1}、q_{n-1}、h_{n-1} 的变化规律，拟定出第n期的 Q_n，并对混沌组合出来的各彩票注进行第一次筛选。

2. 红球彩票注的内在随机性

（1）涨落高度 h 的大小和不同高度的个数 Q，是彩票注的主要特征量。要优化彩票注，应从这两个特征量入手。

（2）彩票注的涨落高度以 $h=0$、1、2、3为主。

（3）彩票注的演变，集中反映在“相同高度个数 q”和“不同高度个数 Q”的数量变化上，但每注不同涨落高度的个数 $Q=5$ 的最多。

彩票注中涨落高度的特点和彩票注的内在随机性，是彩票注优化和混沌组合的理论基础之一。

三、混沌组合模型

根据彩票注的上述特点，很容易构建彩票注的混沌组合。混沌组合，指对基本号和组合号分别进行 $C_m^{2\sim6}$ 和 $C_m^{0\sim4}$ 的组合，这样混沌组合总的投注注数为：

$$C_m^{3\sim6} \times C_{m'}^{0\sim3} \quad 或 \quad C_m^{2\sim6} \times C_{m'}^{0\sim4}$$

其中，m 指基本号的个数，m' 指组合号的个数，$m+m'=$ 选号个数。

所谓基本彩号码（以下简称基本号），指彩票注中 $h=0$、1、2、3 的彩号码（特别是 $h=0$、1、2），由热号组成，总个数等于 m。当每个相同的涨落高度最多选 2 个时，基本号的组合个数为 2~6 或 3~6，即：

$$C_m^{2\sim6} \quad 或 \quad C_m^{3\sim6}$$

所谓组合彩号码（以下简称组合号），指彩票注中除基本彩号码外，剩余所有 $h \geq 4$ 的预选号码，由温号和冷号组成①，总个数等于 m'。组合号的组合个数为 0~3 或 0~4，即：

$$C_{m'}^{0\sim3} \quad 或 \quad C_{m'}^{0\sim4}$$

要实现“保本盈利大奖”的目标，可根据彩票注中涨落高度的内随机性，按照以下步骤，运用混沌组合对彩号码进行组合。

第一步，在红球涨落高度数据库中找出各待选红球在（n-1）期对应的各个涨落高度。

第二步，把预选出的红球分为基本号和组合号，同时确定基本号

① 本书中，冷号指 $h=0\sim3$，温号指 $h=4\sim8$，热号指 $h \geq 9$。

的个数 m 和组合号的个数 m'。

第三步，对基本号和组合号分别进行 $C_m^{2\sim6}$ 和 $C_m^{0\sim4}$ 的组合，这样混沌组合总的投注数为：

$$C_m^{3\sim6}\times C_{m'}^{0\sim3} \quad 或 \quad C_m^{2\sim6}\times C_{m'}^{0\sim4}$$

其中，m 指基本号的个数，m'指组合号的个数，$m+m'=$选号个数。

下面，我们进一步分析基本号个数 m 与混沌组合总的投注数的关系。假设选号个数为 10 个，即 $m+m'=10$。

（1）取 $h=0$、1、2、3 的最大基本号个数为 6，即 $m=6$，则 $m'=10-6=4$，那么

$$C_m^{3\sim6}=C_6^6=\frac{6!}{6!\ (6-6)!}=1$$

$$C_{m'}^{3\sim6}=C_4^0=\frac{4!}{0!\ (4-0)!}=1$$

则 $$C_m^{3\sim6}\times C_{m'}^{0\sim3}=1\times1=1$$

（2）取 $h=0$、1、2、3 的最小基本号个数为 0，即 $m=0$，则 $m'=10-0=10$，那么

$$C_m^{3\sim6}=1$$

$$C_{m'}^{3\sim6}=C_{10}^6=\frac{10!}{6!\ (10-6)!}$$

$$=\frac{10\times9\times8\times7\times6\times5\times4\times3\times2\times1}{6\times5\times4\times3\times2\times1\times(4\times3\times2\times1)}$$

$$=210$$

则 $$C_m^{3\sim6}\times C_{m'}^{0\sim3}=1\times210=210$$

（3）取 $h=0$、1、2、3 的基本号个数 $m=5$，则 $m'=10-5=5$，那么

$$C_m^{3\sim6}=C_5^5=1$$

$$C_{m'}^{3\sim6}=C_5^1=\frac{5!}{1!\ (5-1)!}=\frac{5\times4\times3\times2\times1}{4\times3\times2\times1}=5$$

则　$$C_m^{3\sim6}\times C_{m'}^{0\sim3}=1\times5=5$$

（4）取 $h=0$、1、2、3 的基本号个数 $m=4$，则 $m'=10-4=6$，那么

$$C_m^{3\sim6}=C_4^4=1$$

$$C_{m'}^{3\sim6}=C_6^2=\frac{6!}{2!\ (6-2)!}=\frac{6\times5\times4\times3\times2\times1}{2\times1\times(4\times3\times2\times1)}=15$$

则　$$C_m^{3\sim6}\times C_{m'}^{0\sim3}=1\times15=15$$

（5）取 $h=0$、1、2、3 的基本号个数 $m=3$，则 $m'=10-3=7$，那么

$$C_m^{3\sim6}=1$$

$$C_{m'}^{3\sim6}=C_7^3=\frac{7!}{3!\ (7-3)!}=\frac{7\times6\times5\times4\times3\times2\times1}{3\times2\times1\times(4\times3\times2\times1)}=35$$

则　$$C_m^{3\sim6}\times C_{m'}^{0\sim3}=1\times35=35$$

（6）取 $h=0$、1、2、3 的基本号个数 $m=2$，则 $m'=10-2=8$，那么

$$C_m^{3\sim6}=C_2^2=\frac{2!}{2!\ (2-2)!}=1$$

$$C_{m'}^{3\sim6}=C_8^4=\frac{8!}{4!\ (8-4)!}=\frac{8\times7\times6\times5\times4\times3\times2\times1}{4\times3\times2\times1\times(4\times3\times2\times1)}=70$$

则　$$C_m^{3\sim6}\times C_{m'}^{0\sim3}=1\times70=70$$

（7）取 $h=0$、1、2、3 的基本号个数 $m=1$，则 $m'=10-1=9$，那么

$$C_m^{3\sim6}=1$$

$$C_{m'}^{3\sim6}=C_9^5=\frac{9!}{5!\ (9-5)!}=\frac{9\times8\times7\times6\times5\times4\times3\times2\times1}{5\times4\times5\times2\times1\times(4\times3\times2\times1)}=126$$

则 $$C_m^{3\sim6}\times C_{m'}^{0\sim3}=1\times126=126$$

如果按传统组合，10个选号，应投84注：

$$C_{10}^{6}=\frac{10!}{6!\ (10-6)!}=\frac{10\times9\times8\times7\times6\times5\times4\times3\times2\times1}{6\times5\times4\times5\times2\times1\times(4\times3\times2\times1)}=84$$

由此可得出以下结论：

第一，混沌组合的投注数，与 $h=0$、1、2、3 的基本号个数 m 密切相关。m 越大，投注数越少，当 m 最大时（$m=6$），选 10 个红球，经混沌组合，只需投 1 注（2 元），比传统排列组合少投 83 注（163 元）；m 越小，投注数越多，当 $m\leqslant1$ 时，选 10 个红球，经混沌组合，投注金额比传统组合还要多。所以混沌组合“以小博大”的最佳基本号个数为 2~6 个，越大越好。

第二，基本号个数越多，表示预测的前一期（n-1 期）等于涨落高度 $h=0$、1、2、3 的红球多，也就是说彩票正处于常态并偏热，彩票运动的双向渐近曲线正置于同宿栅栏的中心（详见第四章）。

第三，基本号与组合号在混沌组合中的数量关系，实质是涨落温度高的热号与涨落温度较高的温号之间的搭配，或涨落温度高的热号、温号与涨落温度低的冷号之间的比例关系。这充分说明，混沌组合的最佳时期为：①景气期；②偏热，越热越好。

第四，相比传统组合方式，混沌组合投注数平均少 68%，但最好在以下条件中进行：①选号个数小于 10；②（n-1）期的涨落高度 $h_{n-1}=0$、1、2、3 的选号个数不小于 2，即 $m\geqslant2$；③预测时处于景气期，且越热越好。

四、彩票指数优化模型

彩票指数具有三大功能：一是监测功能，监测彩票系统活跃的程度。二是预测功能，预测最佳投注机会。三是优化功能，对已排列组合的彩票注进行筛选，优化出“投资少、风险小、奖金高”的彩票注进行投注。显然，相比股票指数，除了“监测、预测”两大功能，彩票指数具有更独特的“优化”功能。

彩票指数的优化功能，指每1个彩票注都存在8个基本的彩票指数 η_x、δx、$\sum_{i=1}^{6} x$、K_x 和 η_h、δh、$\sum_{i=1}^{6} h$、K_h，而且从第（n-1）期到第n期，这些彩票指数值不一定相同。所以可以通过第（n-1）期到第n期这些彩票指数的变化规律，预测彩票的走势，从而对第n期预选出的各个彩票注进行优化筛选，如表2-3所示。

表2-3 相邻两期彩票指数的变化规律

$\eta_{xn-1} \rightarrow \eta_{xn}$	$\eta_{hn-1} \rightarrow \eta_{hn}$
$\delta x_{n-1} \rightarrow \delta x_n$	$\delta h_{n-1} \rightarrow \delta h_n$
$\sum_{i=6}^{6} x_{n-1} \rightarrow \sum_{i=6}^{6} x_n$	$\sum_{i=6}^{6} h_{n-1} \rightarrow \sum_{i=6}^{6} h_n$
$K_{xn-1} \rightarrow K_{nx}$	$K_{hn-1} \rightarrow K_{hn}$

在预选的彩票注中，如果每1个彩票注的8个彩票指数（η_x、δx_n、$\sum_{i=1}^{6} x_n$、K_{xn} 和 η_{hn}、δh_n、$\sum_{i=1}^{6} h_n$、K_h）中的任何一个不符合预测走势的要求，均可杀之。

彩票指数走势（趋势）预测，详见《彩票大揭秘——彩票的混沌与分形》。利用彩票指数对彩票注进行优化筛选的步骤如下：

第一步，从红球指数数据库中查出第（n-1）期的彩票指数 η_{xn-1}、δx_{n-1}、$\sum_{i=1}^{6} x_{n-1}$、K_{xn-1}、η_{hn-1}、δh_{n-1}、$\sum_{i=1}^{6} h_{n-1}$、K_{hn-1} 的值。

第二步，运用对彩票指数走势的多种预测方法，预测出它们各自的趋势方向。

第三步，根据预测出的第n期彩票注的8个指数，对组合出的每个彩票注进行选杀，凡是不符合第n期预测出的任何一个指数标准值者，杀之。

五、彩票的混沌边缘预测模型

彩票的混沌边缘预测模型，是根据彩票的分数维 d 建立起来的。彩票的分数维 d 的取值范围为：

$$0.44<d_{¡}m_{H}F\leqslant d_{¡}m_{B}F\leqslant 0.66$$

若取 $d=0.635$，对 r/s 型（$s=33$，$r=6$）双色球，构建一个长 $S'=d^3s=0.635^3\times 33=8.499\approx 9$，宽 $R'=dr=0.635\times 6=3.81\approx 4$ 的长方形。

把 33 个红球从小到大、从左到右、从上到下排列在长方形中（如图 2-1 所示），我们发现，如果摇奖机摇出的 6 个彩号码（一个彩票注）置于长方形边缘的彩号码的个数 Q 与未置于边缘的彩号码的个数 q 之比 Q/q（或 q/Q）为 1∶1、2∶1、5∶1 时，即长方形边缘上的个数等于 3、4、5 时，该彩票注中所含中奖号最多；反之，则最少。

1	2	3	4
5	6	7	8
9	10	11	12
13	14	15	16
17	18	19	20
21	22	23	24
25	26	27	28
29	30	31	32
33			

图 2-1　33 个红球按顺序排列成长方形示意图

这就是我们要建立的具有混沌与分形属性的彩票注的混沌边缘二维状态空间模型，又称为彩票注混沌边缘效应的优化模型或彩票注混沌边缘效应模型，简称混沌边缘模型。

运用这个模型对彩票注进行筛选和优化的步骤如下：

第一步，在一张坐标纸上建构一个长为 9 个单位、宽为 4 个单位的长方形，并把 33 个红球从小到大、从左到右、从上到下依次排列，形成一个具有红球基数 $s=33$、$r=6$ 的状态空间。

第二步，将排列出的每一个彩票注分别置于长方形状态空间，并覆盖相对应的彩号码，找出覆盖边缘的彩号码的个数 Q 和未覆盖边缘的彩号码的个数 q。

第三步，Q/q（或 q/Q）等于 1∶1、2∶1、5∶1（或置于边缘的彩号码个数 ω 等于 3、4、5）的彩票注即为所求。一般而言，比值大的奖金高。

彩票注混沌边缘效应的优化模型同彩票指数优化模型一样，与各不同彩票注中各彩票指数值的反差有关：反差越大，优化力越强；反差越小，优化力越弱。所以彩票注的优化，应该同彩票的混沌、分形预测一样，采用多模型、全方位、综合的优化，把各种彩票注优化模型，如彩票指数的优化模型、彩票注的 Q 走势模型、混沌组合模型、彩票注混沌边缘模型等结合起来，坚持“以小博大”，以期实现“投资少，风险小，收益大”的目标。

例如，20120116~20120135 期连续 20 期 6 个中奖红球分别为：3、21、26、29、31、32，13、15、18、20、24、28，5、6、7、12、15、18，12、20、25、26、27、28，1、4、20、24、26、29，1、7、8、20、23、24，12、13、19、22、28、29，8、10、16、25、28、33，6、7、21、25、27、33，8、12、13、26、29、33，2、5、12、15、23、24，1、9、11、21、26、32，5、9、12、29、30、31，1、7、9、17、

21、29，1、3、15、20、22、31，6、18、19、26、28、32，7、12、16、17、21、25，1、8、11、20、21、29，2、5、6、7、13、23，2、5、7、8、11、17，各彩票注置于长方形边缘上的彩号码个数分别为5、4、3、4、5、4、4、5、3、5、4、4、6、5、4、2、5、5、3、4，其中个数等于5、4、3的有18期，占90%，不等于5、4、3的有2期（等于2、6），占10%。这说明该彩票注的筛选优化模型虽未100%覆盖，但精确度仍在90%左右。

综上所述，彩票注优化的总体思想、要素和过程可用以下公式表述：

$$\begin{cases} \begin{cases} Q_{h_{不同}} = 5 \\ C_m^{2\sim6} \times C_{m'}^{4\sim0} \text{ 或 } C_m^{3\sim6} \times C_{m'}^{3\sim0} \end{cases} \\ \begin{cases} \sum x_n、\delta x_n、\eta_{xn}、\sum h_n、\delta h_n、\eta_{hn}、K_n \\ S = 9 \times 4 \end{cases} \end{cases} \tag{2-3}$$

其中，$Q_{h_{不同}}$（简写 Q_n）指彩票注中不同涨落高度的个数。$C_m^{3\sim6}$、$C_{m'}^{2\sim6}$指彩票注中 $h_{n-1}=0$、1、2、3 的彩号码（特别是 $h_{n-1}=0$、1、2），即基本号。$C_m^{3\sim0}$、$C_{m'}^{4\sim0}$指彩票注中除 $h_{n-1}=0$、1、2、3 的彩号码以外，剩余的 $h_{n-1}\geqslant4$ 的彩号码，即组合号。$C_m^{3\sim6}\times C_{m'}^{3\sim0}$ 或 $C_m^{2\sim6}\times C_{m'}^{4\sim0}$ 指混沌组合。$\sum x_n$、δx_n、η_{xn}、$\sum h_n$、δh_n、η_{hn}、K_n 指根据趋势预测，预测期（n 期）应具有的彩票指数特征量。$S=9\times4$ 指彩票注混沌边缘效应所构建的长度等于9个单位、宽度等于4个单位的长方形 s。

显然，式（2-3）清楚地表述了以下内容：①彩票注中的“等高”现象，是彩票注内随机现象的核心，并集中表现在彩票注中“不同涨落高度的个数 Q_n”这个变量上，要优化彩票注，首先要了解和掌握彩票注的特点；②彩票注优化模型有4个，即混沌组合模型、Q_n 模型、彩票指数优化模型、混沌边缘模型；③彩票注优化的步骤是，

确定彩票注中的 m、m'→混沌组合→Q_n 模型优化→混沌边缘模型优化→彩票指数优化。

需要注意的是，混沌组合中基本号的选择与不同的 h_{n-1} 的个数 Q_{n-1} 有关：当预选红球不同涨落高度的个数 $Q_{n-1} \leqslant 7$ 时，则混沌组合中的基本号选择，取 $h_{n-1}=0$、1、2、3 所对应的红球，各组合号的 $h_{n-1} \geqslant 4$；当预选红球不同涨落高度的个数 $Q_{n-1} \geqslant 8$ 时，则 $h_{n-1}=0$、1、2、3、4，各组合号的 $h_{n-1} \geqslant 5$。详见以下例题。

例题 1　已知 2019062 期的以下两种选号模式，进行混沌组合并优化投注。

10 个红球：1、6、7、13、16、19、23、26、30、32

9 个红球：1、6、7、13、16、19、23、29、30

解 1　预选 10 个红球（1、6、7、13、16、19、23、26、30、32），先对这 10 个红球先进行混沌组合，后优化投注。

（1）混沌组合。第一步，在红球涨落高度数据库中找出 2019062 期 10 个红球相对应的各个涨落高度，如表 2-4 所示。

表 2-4　2019062 期 10 个红球的涨落高度

x_n	1	6	7	13	16	19	23	26	30	32
h_n	6	4	2	4	2	0	1	7	14	16

第二步，按涨落高度的大小把 10 个红球分为基本号（因 $Q_{n-1} \geqslant 8$，则 $h_{n-1}=0$、1、2、3、4）和组合号（$h_n \geqslant 5$），排列成以下形式，并同时确定基本号的个数 m 和组合号的个数 m'。

$$h_n=0 \rightarrow x_n=19$$

$$h_n=1 \rightarrow x_n=23$$

$$h_n=2 \rightarrow x_n=7、16$$

$$h_n=4 \rightarrow x_n=6、13$$

$$h_n = 6 \rightarrow x_n = 1$$

$$h_n = 7 \rightarrow x_n = 26$$

$$h_n = 14 \rightarrow x_n = 30$$

$$h_n = 15 \rightarrow x_n = 32$$

当取涨落高度 $h_n=0$、1、2、3、4 时，相对应的基本号为 19、23、7、16、6、13，共 6 个，即 $m=6$，剩下为 $h_n \geqslant 5$ 的组合号 1、26、30、32，共 4 个，即 $m'=4$。

第三步，对基本号和组合号分别进行 $C_m^{2\sim6}$ 和 $C_m^{0\sim4}$ 的组合，因基本号偏热，组合号偏温、偏冷，所以有：

$$C_m^{3\sim6} = C_6^4, \qquad C_{m'}^{0\sim3} = C_4^2$$

故混沌组合投注数为：

$$C_6^4 \times C_4^2 = \frac{6!}{4!\,(6-4)!} \times \frac{4!}{2!\,(4-2)!} = 15 \times 6 = 90$$

显然，比传统的排列组合 140 注 $\left[C_{10}^6 = \frac{10!}{6!\,(10-6)!}\right]$ 要少 50 注。

（2）优化投注。优化投注就是通过不同涨落高度个数 Q、彩票混沌边缘效应、彩票指数优化的内随机规律，对混沌组合出的 90 个彩票注进行进一步筛选压缩，“以小博大”进行投注。

第一，Q_n（不同涨落高个数）模型优化。根据前面所介绍的红球彩票注 Q_n 选择模型进行优化的步骤，首先从红球涨落高度数据库中查出第（n-1）期（2019061）彩票注中 6 个奖号相对应的涨落高度，如表 2-5 所示。

表 2-5　2019061 期 6 个奖号对应的涨落高度

x_{n-1}	3	17	19	24	27	31
h_{n-1}	0	4	4	6	0	5

发现 $Q_{n-1}=4$（不同涨落高度为 0、4、6、5，共 4 种），那么根据

$Q_{n-1} \to Q_n$ 的以下内随机规律优化彩票注 Q_n 选择模型：

$$Q_{n-1} \leqslant 4 \to \begin{cases} Q_n = 5 \to \text{选} \\ Q_n = 6、3 \to \text{杀} \end{cases}$$

混沌组合出的 40 注中，$Q_n = 5$ 者选之；$Q_n = 6$、4、3 者杀之。通过 Q 的优化，40 注被淘汰了 30 注，只剩下 60 注。

第二，彩票混沌边缘效应将排列出的每一个彩票注分别置于长为 9 个单位、宽为 4 个单位的长方形坐标纸上，找出覆盖边缘的彩号码的个数 q，$q = 3$、4 者，选之；$q = 2$、5、6 者，杀之。显然，剩下的 60 注中又被淘汰了 21 注，还剩 39 注。

第三，彩票指数模型优化。彩票指数优化的关键是对 6 个彩票指数（δx、$\sum_{i=1}^{6} x$、K_x 和 δh、$\sum_{i=1}^{6} h$、K_h）进行（n−1）期→n 期的趋势预测。查红球彩票指数数据库可得相关指数，如表 2-6 所示。

表 2-6 6 个红球的彩票指数情况

彩票指数	（n−1）期	→	n 期	趋势
$\boldsymbol{\delta x}$	Ex 连续 2 期为正		反转为负	$\triangle x_n < \triangle x_{n-1} = 28$
$\sum x$	Kx 连续 2 期为正		反转为负	$\triangle \sum x_n < \triangle \sum x_{n-1} = 121$
$\boldsymbol{\delta h}$	δh 在倒数 7 期中最小		反转（增大）	$\triangle h_n > \triangle h_{n-1} = 6$

根据上述分析，将预选的 10 个红球混沌组合为 90 注，然后再优化，如表 2-7 所示。

表 2-7 10 个红球彩票注的优化情况

$C_6^4 \to x_n$ = 19、23、7、16、6、13							$C_4^2 \to x_n$ = 1、26、30、32						
红球号码	Q	边	$\sum^6 x$	δx	δh	奖	红球号码	Q	边	$\sum^6 x$	δx	δh	奖
1 26，19 23 7 16	5	2 ×					26 30，19 23 7 16	5	2 ×				
19 23 16 6	6 ×						19 23 16 6	6 ×					
19 23 6 13	5	2 ×					19 23 6 13	5	2 ×				

续表

$C_6^4 \to x_n$ = 19、23、7、16、6、13						
红球号码	Q	边	$\sum^{6} x$	δx	δh	奖
19 7 16 6	5	2 ×				
19 7 6 13	5	2 ×				
19 7 6 23	6 ×					
19 16 6 23	6 ×					
19 23 7 13	6 ×					
23 7 16 6	5	2 ×				
23 7 6 13	5	2 ×				
23 16 6 13	5	3	85	25	5 ×	
23 16 13 7	5	3	86	23	5 ×	
7 16 6 13	4 ×					
7 6 19 16	5	2 ×				
13 19 23 16	5	3				
1 30，19 23 7 16	5	3	112	29 ×		
19 23 16 6	6 ×					
19 23 6 13	5	3		29 ×		
19 7 16 6	5	3		29 ×		
19 7 6 13	5	3		29 ×		
19 7 6 23	6 ×					
19 16 6 23	6 ×					
19 23 7 13	6 ×					
23 7 16 6	5	3		29 ×		
23 7 6 13	5	3		29 ×		
23 16 6 13	5	4		29 ×		
23 16 13 7	5	4		29 ×		
7 16 6 13	4 ×					
7 6 19 16	5	4		29 ×		
13 19 23 16	5	4		29 ×		

$C_4^2 \to x_n$ = 1、26、30、32						
红球号码	Q	边	$\sum^{6} x$	δx	δh	奖
19 7 16 6	5	2 ×				
19 7 6 13	5	2 ×				
19 7 6 23	6 ×					
19 16 6 23	6 ×					
19 23 7 13	6 ×					
23 7 16 6	5	2 ×				
23 7 6 13	5	2 ×				
23 16 6 13	5	3	114	24	13	中5
23 16 13 7	5	3	115	23	13	中6
7 16 6 13	4 ×					
7 6 19 16	5	2 ×				
13 19 23 16	5	3				
26 32，19 23 7 16	5	2 ×				
19 23 16 6	6 ×					
19 23 6 13	5	2 ×				
19 7 16 6	5	2 ×				
19 7 6 13	5	2 ×				
19 7 6 23	6 ×					
19 16 6 23	6 ×					
19 23 7 13	6 ×					
23 7 16 6	5	2 ×				
23 7 6 13	5	2 ×				
23 16 6 13	5	3	116	26	14	中4
23 16 13 7	5	3	117	25	14	中5
7 16 6 13	4 ×					
7 6 19 16	5	2 ×				
13 19 23 16	5	3	119 ×			

续表

$C_6^4 \to x_n$ = 19、23、7、16、6、13							$C_4^2 \to x_n$ = 1、26、30、32						
红球号码	Q	边	$\sum^6 x$	δx	δh	奖	红球号码	Q	边	$\sum^6 x$	δx	δh	奖
1 32, 19 23 7 16	5	3	31 ×				30 32, 19 23 7 16	5	3	127 ×			
19 23 16 6	6 ×						19 23 16 6	6 ×					
19 23 6 13	5	3	31 ×				19 23 6 13	5	3	123 ×			
19 7 16 6	5	3	31 ×				19 7 16 6	5	3	110	26	15	中 3
19 7 6 13	5	3	31 ×				19 7 6 13	5	3	107	26	15	中 3
19 7 6 23	6 ×						19 7 6 23	6 ×					
19 16 6 23	6 ×						19 16 6 23	6 ×					
19 23 7 13	6 ×						19 23 7 13	6 ×					
23 7 16 6	5	3	31 ×				23 7 16 6	5	3	114	26	14	中 4
23 7 6 13	5	3	31 ×				23 7 6 13	5	3	111	26	14	中 4
23 16 6 13	5	4	31 ×				23 16 6 13	5	4	120	26	14	中 4
23 16 13 7	5	4	31 ×				23 16 13 7	5	4	120	25	14	中 5
7 16 6 13	4 ×						7 16 6 13	4 ×					
7 6 19 16	5	3	31 ×				7 6 19 16	5	3	107	26	15	中 3
13 19 23 16	5	4	31 ×				13 19 23 16	5	4	133 ×			

查 2019062 期的中奖号，发现 6 个中奖红球为 7、13、16、23、26、30。

显然，2019062 期选出的 10 个选号，经混沌组合把传统组合的 140 注压缩到 90 注，经 Q_n 模型、混沌边缘模型、彩票指数优选模型选出 11 注，当蓝球也中奖（详见第五章），投 11 注（22 元），获 1 等奖 1 注，3 等奖 3 注、4 等奖 4 注、5 等奖 3 注，实现了“以小博大”的目标。

解 2 预选 9 个红球（1、6、7、13、16、19、23、29、30），用同样的方法和步骤对这 9 个红球先进行混沌组合，后优化投注。

（1）混沌组合。第一步，在红球涨落高度数据库中找出 2019062 期 9 个红球对应的涨落高度，如表 2-8 所示。

表 2-8　2019062 期 9 个红球对应的涨落高度

x_n	1	6	7	13	16	19	23	29	30
h_n	6	4	2	4	2	0	1	5	14

第二步，按涨落高度的大小把 9 个红球分基本号（因 $Q_{n-1}\geqslant 8$，则 $h_{n-1}=0$、1、2、3、4）和组合号（$h_n\geqslant 5$），排列成以下形式，并同时确定基本号的个数 m 和组合号的个数 m'。

$$h_n=0\rightarrow x_n=19$$

$$h_n=1\rightarrow x_n=23$$

$$h_n=2\rightarrow x_n=16$$

$$h_n=4\rightarrow x_n=6、13$$

$$h_n=5\rightarrow x_n=29$$

$$h_n=6\rightarrow x_n=1$$

$$h_n=7\rightarrow x_n=7$$

$$h_n=14\rightarrow x_n=30$$

取涨落高度 $h_n=0$、1、2、3、4 时，相对应的基本号为 19、23、16、6、13，共 5 个，即 $m=5$，剩下为 $h_n\geqslant 5$ 的组合号 29、1、7、30，共 4 个，即 $m'=4$。

第三步，对基本号和组合号分别进行 $C_m^{2\sim 6}$ 和 $C_m^{0\sim 4}$ 的组合：

$$C_m^{3\sim 6}=C_5^4,\qquad C_{m'}^{0\sim 3}=C_4^2$$

故混沌组合投注数为：

$$C_5^4\times C_4^2=\frac{5!}{4!\ (5-4)!}\times\frac{4!}{2!\ (4-2)!}=5\times 6=30$$

显然，比传统的排列组合 84 注$\left[C_9^6=\frac{9!}{6!\ (9-6)!}\right]$要少 54 注。

（2）优化投注。由于预测期相同，优化投注的标准完全相同，所以 9 个红球通过混沌组合，优化投注如表 2-9 所示。

表 2-9　9 个红球彩票注的优化情况

$C_5^4 \to x_n$ = 19、23、16、6、13							$C_4^2 \to x_n$ = 29、1、7、30						
红球号码	Q	边	$\sum^{6} x$	δx	δh	奖	红球号码	Q	边	$\sum^{6} x$	δx	δh	奖
29 1，19 23 16 6	6×						29 7，19 23 16 6	6×					
19 23 6 13	5	3		28×			19 23 6 13	5	3	97	23	7	中 3
23 16 6 13	5	4		28×			23 16 6 13	5	4			6×	
19 16 13 23	6×						19 16 13 23	6×					
19 16 6 13	5	4		28×			19 16 6 13	5	4	90	23	7	中 3
29 30，19 23 16 6	6×						1 7，19 23 16 6	6×					
19 23 6 13	5	3	120	24	14	中 3	19 23 6 13	5	3	69	22	7	中 3
23 16 6 13	5	4	117	24	13	中 4	23 16 6 13	5	3	6×			
19 16 13 23	6×						19 16 13 23	6×					
19 16 6 13	5	4	113	24	14	中 3	19 16 6 13	5	4	62	18	7	中 3
1 30，19 23 16 6	6×						7 30，19 23 16 6	6×					
19 23 6 13	5	3	29×				19 23 6 13	5	3	98	24	14	中 4
23 16 6 13	5	4	29×				23 16 6 13	5	4	95	24	13	中 5
19 16 13 23	6×						19 16 13 23	6×					
19 16 6 13	5	4	29×				19 16 6 13	5	4	91	24	14	中 4

显然，2019062 期选出的 9 个选号，经混沌组合把传统组合的 84 注压缩到 30 注，经 Q_n 模型、混沌边缘模型、彩票指数优选模型选出 8 注，当蓝球也中奖（详见第五章），投 8 注（16 元），获 3 等奖 1 注、4 等奖 3 注、5 等奖 4 注。

彩票注的优化问题，在《彩票大揭秘——彩票的混沌与分形》一书中已进行过详细阐述，要全面系统了解这方面的内容，可参考此书。

※第三章

彩票的混沌时间序列预测

彩票运动系统，是一个非线性的离散动力系统，属于系统动力学的问题。系统动力学（Systen Dynamics，SD）是20世纪50年代创立和发展起来的一门学科，它的研究对象主要是复杂、非线性、具有多重反馈的连续系统。“连续”，指系统状态变量随时间的推移连续变化。当这种变化具有以下4个特征时，称为时间序列：①动态的；②可测的；③按一定顺序排列的；④既包含了过去的信息，又包含了参与系统演化的全部信息。这里所说的“顺序”，通常指某一变量或指数的数值或观察值，以相同的时间间隔和先后次序的时间排序。广义来说，“时间”具有不同的物理内涵，既指自然界时空中不可逆的时间，又代表自然界中的次数、天数、岁数等单调递增的其他物理量。这些物理量具有一个共同的特点，即序列中的数据依赖于时间，且取值依赖于时间的变化，反映的是历史行为的客观记录和系统结构特征与运动规律。时间序列预测就是用被预测的客体过去和现在的观察数据，构造依时间变化的动态序列模型，并借助一定的规则或期望值推测未来。混沌时间序列的预测，就是对自然界中普遍存在的、开放的、远离平衡的非线性系统中出现的混沌现象通过建模检测进行识别和预测，这是混沌理论的研究热点和重要应用领域，也是彩票结构预测和非结构预测的基础。因此，彩票的预测首先要研究彩票的混沌时间序列。

第一节　彩票混沌与分形预测的数学基础

一、把彩票的混沌时间序列定义在涨落高度上

数学演绎总是从已知到未知（综合法）或从未知到已知（分析法）。彩票的已知量是什么？未知量是什么？在自然科学和社会科学研究中，为了突出对所研究的对象有根本性影响的主要因素，进而抓住事物的本质，往往要根据所需解决的待定问题，在观察、实验的基础上，经过科学的抽象，确定一些基本量，以反映事物运动的量的规定性。例如，物理学中的速度、加速度，化学中的单质、化合物，生物学中的细胞、基因，经济学中的国民经济生产总值、通胀率，社会学中的公信力、权力指数，等等。

彩票系统是一个多体、多元、多形式、多层次、多要素的复杂系统，人们一般并不清楚这种系统包含了哪些基本量或状态变量，也不清楚这些变量之间存在哪些相互作用的规律。但是，反应系统随时间变化时某个变量变化的时间序列可以反映很多情况，这个变量的时间序列是可观测、可计量、已知的。在自然科学和社会科学中，这个时间序列指存在于这个领域的某一变量、指数的数值或观察值，按其出现时间的先后次序，以相同的时间或间隔排列的一组数值，它既可以是时间，也可以是随时间变化的个数、次数等。

彩票的时间序列如何确定？

诺贝尔奖获得者、耗散结构理论的创始人普里高津指出，“通过涨落达到有序”，“非平衡是有序的源泉”，“相干的源泉、组织的源泉”。因此，彩票的时间序列应该定义在涨落上，具体来说，应该是涨落高度上。我们对任意相邻两期的涨落高度做进一步分析，会发现预测期（n 期）中奖号码的涨落高度（未知量）除重号外，恰等于该彩号码在相邻上一期（n-1 期）的涨落高度（已知量）。所以抓住了涨落高度就等于把未知量变成了已知量。换句话说，第（n-1）期的所有彩号码（包括红球或蓝球），如果在第 n 期都被摇奖机摇出，其第 n 期的涨落高度等于零；如果在第 n 期不被摇出，其第 n 期的涨落高度等于第（n-1）期的涨落高度加 1 个单位，即 $h_n=h_{n-1}+1$。

例如，红球“9”在 20080135 期（n-1 期）的涨落高度 $h_{n-1}=2$，在第 20080136 期（n 期）未被摇出，那么该红球的涨落高度 $h_n=h_{n-1}+1=2+1=3$，而在第 20080137 期（n+1 期）被摇出，那么该红球的涨落高度 $h_{n+1}=3$，即 $\Delta h=h_{n+1}-h_n=0$（落差为 0）。这样，我们为了预测第 n 期某彩球是否被摇出，只需对第（n-1）期所有被摇的彩球一一做出“第 n 期全部被摇出”的假定，将根据预测模型定量计算出的该彩号码的涨落高度 h_n 与第（n-1）期相应的彩球的涨落高度 h_{n-1}（已知量）进行比较，如果 $h_n=h_{n-1}$，则会被摇出；如果 $h_n\neq h_{n-1}$，则不会被摇出。

对于任何未知事物，如果事前能知道该事物出现所表现出的某个变量或属性，那么就可以把这个变量作为已知量，并从这一已知变量出发，预测和判断该未知事物的变化和存在。因此，把彩票的混沌时间序列定义在涨落高度上，就等于把未知变成了已知，这是彩票混沌和分形预测的关键。

彩票的涨落高度是一个动态的变量，每开奖一次，彩号码的涨落总高度都要发生动态的变化，不断开奖，每个彩号码的涨落高度会随着时间先后顺序出现一个数字序列，我们称为彩票的混沌时间序列。“混沌”指这个随时间动态变化的序列是按彩票混沌吸引子的分数维 d 进行分形的时间序列，而不是一般的自然序列。这是彩票混沌与分形预测最基本的状态参数。为了平滑噪声，可以以该状态变量为基础，导出若干其他的变量或预测函数的均值，但是必须以涨落高度 h 为自变量。

当前彩票市场上流行的彩号码走势多以彩号码自身 x_i（¡=1、2、3、…）或其奇数、偶数、大数、小数等为变量，由于与作为彩票之秘的“混沌”无关，与产生彩票混沌运动机制的无穷涨落和涨落高度不发生任何定性和定量的因果关系，这种传统的“大数预测”模式，其有效性是很差的。感兴趣的读者，可以进行简单比较试验：分别用开奖彩球的彩号码 x 和相应的涨落高度 h 做两种不同的走势统计表，横坐标为彩号码 x 或 h，纵坐标为连续 50 个开奖期（可选任何一年任何一期作为起点）。当用这两种统计表分别做 x 和 h 走势比较时，会发现 h 走势的概率远大于 x 走势的概率。

二、彩票时间序列是一个混沌的离散序列

涨落高度 h 这个状态变量，是一个不等于小数的、无单位的有限离散变量，$h=0$、1、2、3、…、m。其下限 $h=0$，上限 $h=m\neq\infty$。彩票是一个既拥有平庸吸引子，又拥有混沌吸引子的、可“传宗接代”的、无穷嵌套的自相似结构。那么这种无穷嵌套的自相似结构，是如何反映在彩票的涨落高度 h 上的呢？我们知道彩票混沌吸引子具有分数维 d。一般情况下，d 应满足以下条件：

$$0.44 < d¡m_{H}F \leqslant d¡m_{B}F \leqslant 0.66$$

$$\frac{\ln 2}{\ln \mu} < d < \frac{\ln 2}{\ln\left[\mu\left(1-\frac{4}{\mu}\right)^{\frac{1}{2}}\right]}$$

为了充分反映彩票分形上的形态、结构和自相似性，或者说要反映彩票混沌运动系统中任何一个相对独立的局部与整体的自相似性，我们取一个大于 0.44 而小于 0.66 的彩票的分数维 0.618，即 $d=0.618$，这是大家在中学时就十分熟悉的黄金分割点。

在线段 ab 上取一分点 c，使$\frac{ab}{ac}=\frac{ac}{cb}$，令 $ac=\phi$，$cb=1$，代入可得：

$$\frac{\phi+1}{\phi}=\frac{\phi}{1}$$

$$\phi^2-\phi-1=0$$

$$\phi=\frac{1+\sqrt{5}}{2}\approx 1.618$$

$$\phi^2\approx 2.618=\phi+1$$

$$\frac{1}{\phi}\approx 0.618=\phi-1$$

$$\frac{1}{1.618}=\frac{0.618}{1}=\frac{0.382}{0.618}=\cdots=0.618$$

这就是说，部分 ϕ 与 ϕ^2 相似，部分（0.618）是整体 1 的成比例（0.618）缩影，整体 1 也可作为 0.618 的成比例缩影。可见，当从彩票的分数维 0.44→0.66 中选取 0.618 时，可十分直观地表明彩票部分与整体无穷嵌套的自相似结构。如果用初等数学还可形象地表示为：

$$\phi=\sqrt{1+\sqrt{1+\sqrt{1+\sqrt{1+\cdots}}}}\qquad \phi=1+\cfrac{1}{1+\cfrac{1}{1+\cfrac{1}{1+\cdots}}}$$

作为彩票的涨落高度，这个离散时间序列 $h=0$、1、2、3、4、5、6、7、…，当取分数维 $d=0.618$ 时，自然可对 h 各离散点进行分解，使被分解的两相邻离散点之比趋于 0.618，然后把满足这一条件的离散点，由小到大进行排列：

$h=0$、1、2、3、5、8、13、21、34、55、89、144、…

这就是我们寻求的具有彩票混沌属性的彩票混沌时间序列，即：

$$\frac{1}{2}=0.5,\ \frac{2}{3}=0.66666\cdots,\ \frac{3}{5}=0.6,\ \frac{5}{8}=0.625,$$

$$\frac{8}{13}=0.615384\cdots,\ \frac{13}{21}=0.619047\cdots,\ \frac{21}{34}=0.617647\cdots,$$

$$\frac{34}{55}=0.6181\cdots,\ \frac{55}{89}=0.617977\cdots,\ \frac{89}{144}=0.618055\cdots$$

也就是说，当取 $h'=1$、2、3、5、8、13、21、34、55、89、…，从第 3 项起，任何一项的涨落高度恒等于相邻前两项涨落高度之和时（如 $3=1+2$，$5=2+3$，$8=3+5$，$13=5+8$，$21=8+13$），前项涨落高度除以相邻次一项涨落高度的商将逐渐趋于彩票的分数维 $d=0.618$，即：

$$\frac{1}{2}、\frac{2}{3}、\frac{3}{5}、\frac{5}{8}、\frac{8}{13}、\frac{13}{21}、\frac{21}{34}、\frac{34}{55}、\frac{55}{89}、\frac{89}{144}、\cdots\rightarrow 0.618$$

显然，这与 1202 年意大利数学家斐波那契发现的神奇数列 $a_1=a_2-1$、$a_{n+2}=a_n+a_{n+1}$ 的同项公式 $a=\frac{1}{\sqrt{5}}\left[\left(\frac{1+\sqrt{5}}{2}\right)^n-\left(\frac{1-\sqrt{5}}{2}\right)^n\right]$ 完全一致。

在彩票的混沌与分形预测中，为了突出彩票混沌的自相似性，在对彩票涨落高度进行观察、计量、统计、制表，甚至相空间重构时，常把预测的切入点选在 3、5、7、13、21、34、55 等分形点上。这些点的状态变量是可测、已知、分形的。抓住了这些点，就等于抓住了无序中的有序，抓住了彩票预测的精髓。因此，如果说彩票混沌的十大属性是彩票混沌与分形预测的物理基础，那么，把涨落高度 h 作为彩票混沌与分形预测的已知量和未知量的已知量，把混沌时间序列中的 3、5、8、13、21、34、55 等各分形点作为彩票混沌与分形预测的切入点，则是彩票混沌与分形预测的数学基础，是运用相空间重构技术、建立以预测功能为主的非结构预测模型的基本要求，也是彩票混沌与分形预测成功的关键。

第二节　彩票混沌时间序列的特点

彩票混沌时间序列的预测，就是将涨落高度 h 为自变量的这个动态的、按时间顺序排列的、可测的数字序列（$h=3$、5、8、13、21、34、55、…）作为彩票的时间序列，建立彩票混沌运动的结构模型和非结构模型，对摇奖机摇出的彩球进行预测。只是这个时间不是连续的，而是以正整数形式离散变化的。可见彩票运动系统是一个非线性的离散动力系统。在这个系统中建模，首先应掌握彩票混沌时间序列混沌信号的典型特征和序列的动态特点。

一、彩票混沌时间序列的混沌信号特征

（1）前项涨落高度除以相邻次一项涨落高度的商将逐渐趋于彩票的分数维 d（0.618），并把混沌时间序列中的各分形点（3、5、8、13、21、34、55、…）作为彩票混沌与分形预测的切入点。

（2）初始模型与观测序列在相空间中的演化规律（稳定性、周期性、混沌性等）相似，特别是在时域相同、演化行为相似、运动范围相近的条件下，时域和频域的演化行为相似，运动范围相近。

（3）所有的彩票结构预测模型和非结构预测模型的建立，在收集或整理信息、抽样或综合分析时，无论是静态分析还是动态分析，相关分析还是回归分析，指数分析还是克隆分析等，只要把切入点嵌在彩票混沌时间序列的分形点上（3、5、8、13、21、34、55…），彩票的内在随机性一定会显现出来。

二、彩票混沌时间序列的动态特点

（1）序列的动态特性可能要在一个较长时间范围内才能全面反映出来，有的几年、几十年，甚至上百年。中国彩票起步晚，所以有的模型，如红球、蓝球的间隔模型，η_x 静态模型，$\Delta h \leqslant 2$ 模型，蓝球的分形模型等，特别是红球、蓝球的间隔模型，要在较长一个时间范围才能建立起来。已经建立起来的模型，因时间短，精确度会受到影响等。

（2）由于混沌时间序列具有自身的特点，传统方法无法对其进行深入研究，因此需要寻找新的方法对混沌时间序列进行研究。

（3）混沌时间序列因混沌特性，不可长期预测，只能短期预测。计算实验表明，红球混沌时间序列的下限最小值取3、上限最大值取34（$h=3$、5、8、13、21、34），蓝球混沌时间序列的下限最小值取5、上限最大值取55（$h=3$、5、8、13、21、34、55），所以一般把混沌时间序列写成 $h=3$、5、8、13、21、34、55…，而非 $h=1$、2、3、5、8、13、21、34、55…。

（4）不同的混沌实测数据，应该建立不同的数据驱动的非结构模型，但构建模型应遵循的两个原则不变（详见第四章）。

（5）实测的混沌时间序列不可避免地会受到噪声的干扰，需要对实测的混沌时间序列进行有效的噪声平滑。

（6）运用混沌时间序列建模时，不能生搬硬套，而应灵活机动，如红球内随机模型取5、8、12、28，蓝球内随机模型取13、18、21、55。

第三节　彩票混沌时间序列预测的三要素

彩票混沌时间序列的预测，从实战的角度主要应在“选择预测对象”“预测的有效时间”“排除预测噪声干扰”这三方面下功夫。

一、把预测对象锁定在每期中奖的彩球上

预测对象“当然”是彩票，乍一看这根本不是问题。但仔细分析时，一系列问题就出来了。双色球共 33 个红球、16 个蓝球，若把这 49 个球都作为研究对象，数量太大！有无既减少数量，又保证质量的预测方法？每个彩球在混沌运动中都表现出多种运动形态及状态参数，研究工作从何入手？研究对象如何确定？

关于后者前面已进行深入探讨，即把着力点放在涨落高度 h 这个状态变量上，而非彩号码 x 自身。这里仅就研究对象的数量问题进行探讨。彩票预测必须以中奖为目标，中奖的对象是摇奖机摇出的彩球，在数量上红球有 6 个，蓝球有 1 个，质量上红球只能等于第 n 期被摇出的 6 个彩号码（x_1、x_2、x_3、x_4、x_5、x_6）及其状态变量，蓝球只能等于 1 个彩号码（x_n）及其状态变量。显然不包含每期未被摇奖机摇出的 27 个红球和 15 个蓝球。因此，研究对象应落实在每期开奖被摇出的中奖元素的集合上。这样，就可以把对 49 个彩球的预测转换成 7 个彩球（6 个红球、1 个蓝球）的预测。数量上减少到 14%，既节约了时间，又缩小了研究的空间。

因此，只需对每期开奖的红球和蓝球分别用坐标纸登记、做图、计算，按以下步骤统计出预测对象的基本情况：

第一步，逐期登记开奖期彩号码，标记每个彩号码每期的涨落高度。

第二步，计算出每期各奖号相应的彩票指数 K、η_x、δx、$\sum_{i=1}^{6} x$、η_{hn}、δh_n、$\sum_{i=1}^{6} h$ 等。

第三步，按每个中奖彩号码迭代的先后顺序做出 $\sum_{i=0}^{n} h$、（n −

$m)(n-28)x$、$(n-m)(n-28)h$、$(n-m)(n-55)x$ 等统计表。

第四步，做出各奖号每期相应各状态变量、指数的走势图。

总而言之，要把预测对象锁定在每期中奖的彩球上，锁定在中奖彩球的涨落高度等状态变量上，锁定在中奖彩球每期的彩票指数体系上。遵循这个理念，可建立红球、蓝球指数数据库（详见附表）。

二、只限于在“一定时间”内进行预测

“混沌预测方法就是在相空间中找到一个非线性模型法逼近系统动态特性，实现一定时间内的预测”，“传统的动力学预测模式和统计预测模式都可移植到混沌时间序列预测模式中，尤其是近年来兴起的非线性预测模式与混沌预测相合时，可发挥更大的优势”。

20 世纪 70 年代以前，以外随机理论为基础的传统时间序列分析方法在预测领域一直占统治地位，如随机分析方法、模糊分析方法、灰色系统方法、信息熵分析方法，以及 20 世纪 20—70 年代发展起来的较为完整和成熟的自回归过程模型（AR 模型）、移动平均预测模型（MA 模型）、自回归平均移动模型（ARMA 模型）、马尔可夫方法、统计回归等。随着“新三论”（协同学、耗散结构理论、混沌理论）的蓬勃发展，非线性时间序列的分析方法（混沌理论分析方法、小波分析方法、人工神经网络分析方法等）像雨后春笋不断涌现。然而，由于彩票系统既具有平庸吸引子，又具有混沌吸引子，因此对于前者可以用线性时间序列分析方法，对于后者可用非线性时间序列分析方法。又由于混沌吸引子中也存在精细的有序结构，自然可把线性时间序列分析方法移植到非线性区，实现“一定时间的预测”。

把线性时间序列预测的方法移植到混沌吸引子领域，其成功的关

键在“一定时间”。所谓“一定时间”，即 $t_c \sim \frac{1}{\lambda 1}$ 的时间 t_0。具体包含以下五方面的内涵：

（1）指短期，而非长期。对于乐透型彩票，一般指 3、5、8（9）、13（12）、21、34、55 等迭代次数。

（2）指涨落温度上升而非下降。温度下降意味着平均涨落高度增大，落差也增大。此时，或者某个彩球温度极低，或者低温彩球数量增多，或者冷号极冷，冷号增多。显然，这不利于预测。

（3）指各“状态变量”“彩票指数”“预测模型”“预测方法”所适用的时间和空间条件。例如，结构预测模型和非结构预测模型中所限定的时空域 $\mu \in [0, 4]$、$\mu \in [0, 1]$、$0.44 \leqslant d \leqslant 0.66$、$h_{n-1} \geqslant 23$、$\eta_{hn-1} > 0.1$ 等，说明每个预测模型都有一定的时间域；每个状态变量都有上下限，存在有限性；每个彩票指数都在一定的迭代时间和有限的空间内存在“景气区”“不景气区”“反转区”和均值。

（4）指达到一定“精确度”所需要的时间。要提高预测的精确度，必须在限定的时间内进行预测。例如红球非线性回归预测，只在 $M \geqslant 9$，$m \geqslant (1 \sim 13) \times (50 \sim 70)$ 时，才能达到比较满意的效果。

（5）从分形的角度，“一定时间”指彩票逻辑斯蒂映射二重分形图中费根鲍姆点（$\mu_\infty = 3.569456\cdots$）左边的倍周期树（第一标度区 $3 < \mu < \mu_\infty$）和分岔前（$0 \leqslant \mu < 3$）的时空域内。

彩票混沌理论指出，逻辑斯蒂映射中倍周期的级联速度呈指数增长。倍周期、倍频分岔必然会产生级联（cascade）。级联过程会使得周期模态遍历。按照周期 3 蕴含混沌的道理，倍周期会很快级联到周期 3。倍周期的级联，每级之间的距离是按指数速度加快的，从周期 2、周期 4、周期 8 到周期 3 并不用全部实现，一般只能观察到前面几级，比如前三级，要观察后面的级联，必须对空间尺度做指数倍放大。这说明只要观察到周期2、周期4就够了。

综上所述，“一定时间”的要求，在彩票混沌与分形预测中时时处处都会表现出来。只有在“一定时间”内进行预测，才能把线性时间序列的分析方法移植到非线性的彩票系统之中。然而，现行彩票报刊、讲座、培训、宣传广告多以传统的外随机理论为基础，普遍采用线性时间序列分析方法，如采用不受“短期”约束的“任意时间”“主观时间”，甚至“长期时间”，用貌似内随机的外随机规律来预测彩票，往往得出“似又不是”“不是又似”的结果。

三、用算术平均平滑噪声的方法，排除预测中的噪声干扰

※“彩票的混沌预测受到噪声的干扰”，这是一种无法避免的有效信号的干扰。根据混沌动力系统产生噪声的来源，一般采用“滤波法”“影子定理方法”“小波分析方法”等多种平滑噪声的方法来排除干扰。为操作方便，可以采用算术平均平滑噪声的方法平滑彩票混沌时间序列预测中的噪声。也就是从时间序列的第一项数值开始，按算术的方法求时间序列的平均数值，然后逐项移动、边移动边平均，就可得到一个由移动平均数构成的新的时间序列。如果把算术平均前的时间序列称为状态空间，那么经算术平均后便构成一个新空间，这种用算术平均移动等方法构建新空间的方法，也可称为重构空间技术。公式为：

$$\overline{\sum A_{i=1}^{m}} = \frac{A1 + A2 + A3 + \cdots + Am}{m} \tag{3-1}$$

其中，$A=x$、h、η、τ、δ、K、…，$m=3$、5、7（8）、13（12）、18、21、28、34、55。A为状态变量或彩票指数，m为移动平均次数。m的选择具有一定的主观性和经验性，一般可根据涨落强度的大小和

内随机概率确定 m 的值。

彩票混沌时间序列只有作为一个可观测、可计量的变量，对于预测才是有意义的。所以在彩票的实际预测中，对于彩票的混沌时间序列 $h=3$、5、8、13、21、34、55…，只能取前面的数值。计算实验表明，对于双色球中的红球，只取 34 以前的数值。例如，$h=3$、5、7、13 或 $h=5$、8（7）、12，或 $h=7$、13、21、28；对于蓝球只取 55 以前的数值。例如，$h=5$、8、13、21 或 $h=7$、13、34、55，既可观察计量，又有足够的数量。例如双色球建立的状态变量和数理统计有：

红球　$\sum_1^3 i$、$\sum_1^5 h$、$\sum_1^7 h$（简写 $\sum h$）

$(n-5)(n-28)x$、$(n-8)(n-28)x$、$(n-13)(n-28)$

蓝球　$\sum_1^3 h$、$\sum_1^5 h$、$\sum_1^7 h$、$\sum_1^8 h$、$\sum_1^{13} h$、$\sum_1^{18} h$、$\sum_1^{21} h$

$(n-13)(n-18)$、$(n-18)(n-55)$、$(n-21)(n-55)$

综上所述，彩票混沌时间序列具有五个显著的特点：①可观察性；②可度量性；③既是未知量，又是已知量；④既具有混沌的属性，又具有分形的性质；⑤凡在彩票混沌时间序列上所建立的预测模型，其规律性最强、精确度最高。

这些特点充分说明，彩票混沌时间序列不仅在理论上是彩票混沌与分形预测的数学基础，而且在预测中是彩票混沌与分形预测的平台，是任何数理统计、模型建立和预测的坐标体系，是实现“保本盈利大奖”的关键（详见第四章）。

第四章

如何建立以数据驱动的彩票非结构预测模型

第一节　建立以数据驱动的彩票非结构预测模型的要点

彩票的非结构预测模型，以彩票的混沌时间序列为轴线，把未知量变成已知量，突出彩票状态变量的时序性，描述彩票混沌在时序轴上的属性和变量在时间轴上的延续性与非周期性。有关彩票混沌时间序列预测的特点、步骤和数据的收集、整理及模型的建立等在第三章已进行了全面阐述，这里着重介绍与建模有关的，特别是要对把已知量作为预测的起点和终点、以彩票混沌时间序列为平台、初始条件的合理选择、时间轴上的延续性与非周期性进行深入探讨。

一、把已知量作为预测的起点和终点

第三章已谈到，对于任何未知事物，如果事前能知道该事物出现

所表现出的某个变量或属性，那么把这个变量作为已知量，并从这一已知变量出发，就可以预测和判断该未知事物的变化规律。因此，把彩票的混沌时间序列定义在涨落高度上，就等于把未知变成了已知，这是彩票混沌和分形预测的关键。当然，有人会问：既然已经把未知变成已知了，干吗还要预测？还要建立模型？我们所说的“把未知变成了已知”是在假设被摇的所有彩球全部都被摇出来的前提下产生的。但任何彩票游戏只要求摇出部分彩球，那么究竟“哪些球可能摇出来，哪些球又不可能摇出来”仍是个未知问题，所以还需要建立预测模型，把可能摇出来的或可能摇不出来球的找出来，再用预测前便知道的“涨落高度”这个“未知量的已知量”来进行检验。

显然，“涨落高度”这个“未知量的已知量”的应用应贯穿于预测的全过程，既作为预测的起点，又作为预测的终点。

起点，就是切入点。就是把涨落高度 h 作为预测第一个起跑点：① 以涨落高度 h 为自变量；② 以涨落高度 h 为中心建立序列变量或函数；③ 以涨落高度 h 及其函数，寻找中奖彩号码 x 及其函数之间的内随机关系；④ 以数据驱动，建立非结构预测模型。例如多变量克隆模型，建立了每期涨落高度 h 的和值 $\sum h$、和值指数 η_h、平均和值 $\overline{\sum h}$、7 期和值 $\sum^7 \sum h$、7 期平均和值 $\overline{\sum^7 \sum h}$、落差 Δh、落差指数 Z_h、落指差指数 F_h、7 期平均和值指数 W_h 等变量。这诸多变量无不隐含着涨落高度 h 这个自变量。然后通过数理统计，以数据驱动，找到中奖彩号码 x 及其函数之间的内随机关系，把混沌预测与大数据预测相结合，建立起多变量克隆非结构预测模型。

终点，就是以涨落高度 h 这个已知量，建立预测监察机制，筛选、校正或审定预测效果。例如下文介绍的蓝球分形模型，就是把涨落高度 h 这个已知量，既作为预测的起点，又作为预测的终点，把每

期涨落高度 h 的变化与大数据预测结合起来，建立了各种不同涨落高度的数据库，在假设 16 个蓝球全部被摇出来的前提下，检验预测出的涨落高度，如果两者相同，为选号；如果两者不相同，为杀号。

事实上，无论红球还是蓝球，在所建立的各种直杀模型中，都是将涨落高度 h 这个未知量的已知量作为自变量和因变量。

二、以彩票混沌时间序列为平台

彩票是一个既拥有平庸吸引子，又拥有混沌吸引子的复合吸引子。彩票混沌时间序列就是在这个复合吸引子的涨落高度 h 上建立起来的，并具有“可观察性、可度量性”和复合吸引子“传宗接代”的无穷嵌套的自相似结构。这种无穷嵌套的自相似结构反映在彩票的混沌时间序列上，既是未知量又是已知量，既具有混沌的属性又具有分形性质的特点。所以，彩票混沌时间序列不仅在理论上是彩票混沌与分形预测的数学基础，而且在实战中是彩票混沌与分形预测的平台。计算实验表明，凡数理统计的切入点放在彩票混沌时间序列的分形点上，凡以彩票混沌时间序列为平台所建立的预测模型，其规律性最强、精确度最高。这个特点又主要表现在彩票的数理统计、模型建立和预测终端上。

1. 彩票混沌时间序列是数理统计的坐标和时间轴

数量性是数理统计的一个重要特点。因为混沌现象是一种非大数现象，绝不是统计次数越多越准确，其准确性与遍历性、统计对象等有关。要寻找混沌运动一切可能的运动状态，一定要保证遍历性要求的 50~70 次迭代的下限要求。例如蓝球间隔黑洞模型，并不是克隆次数越多越准确，间隔黑洞都集中在 21 次克隆以内，超过 21 次的黑洞不多，更多的是重复性增大，超过 34 次便失去了意义。所以蓝球间隔黑洞模型，克隆次数的上限取 34。显然，克隆次数 21、34 都在混沌时间序列 1、2、3、5、8、13、21、34、55、89、144…这个平台上。目前彩票市场上普遍运用的单个彩球的走势统计，或者外随机的所谓短期（10 期）、中间（60 期）、长期（300 期）统计，都与遍历性、统计对象和精确度无关。要满足彩票混沌运动遍历性和精确度的要求，就要把彩票混沌时间序列作为数理统计的坐标和时间轴。

（1）坐标，既有起点，也有终点，更有方向。起点，就是数理统计的切入点，是统计的下限；终点，是数理统计的上限，是按期望值要求所统计的期数或次数；方向，即趋势、走势，从过去到现在，从现在到将来，就是时间轴。统计的方向错了，一切就都错了。彩票预测的方向就是从相邻的第（n-1）期到 n 期，就是彩票混沌时间序列 3、5、8、13、21、34、55、89、144…从小到大的坐标时间轴的方向。

（2）彩票内随机的统计，既不是统计次数越多越精确，也不是在正整数序列 1、2、3、4、5、6…上任取一个数作为统计次数，更不能采用当前彩票市场常用的外随机统计，而是把彩票混沌时间序列 3、5、8、13、21、34、55、89、144…作为统计的离散数轴进行统计。换句话说，应把统计次数选在彩票混沌时间序列这些离散数字上。例如，第六章汇集的 12 个直杀预测模型中所有的内随机统计，其选号上限都取 21~23，凡超过 23 的统计，精确度都不高。

（3）遍历性迭代的下限，选在彩票混沌时间序列 5、7 上，即要寻找混沌运动一切可能的运动状态，一定要保证 50~70 次迭代；遍历性迭代的上限，选在彩票混沌时间序列 5×70、8×70、13×70、21×70…，即要寻找彩票系统整体的涌现性，彩票混沌时间序列的离散倍数一定要选在 70 上。

（4）要掌握 33 个红球中每期摇出的 6 个中奖红球近期的偏态，则迭代次数应选 7~10 期；如果要掌握 33 个红球中每个彩票注一切可能的运动形态，则迭代次数应选 50~70 期。

（5）蓝球。每期开奖，摇奖机只摇出一个彩号码，这个彩号码只是 16 个蓝球组成的系统中的 1 个元素，这个元素的性质和运动走势不等于蓝球系统整体的涌现性。所以蓝球的某期和值，指该期倒数 13 期内各蓝球彩号码 $\sum_{i=1}^{13} x_i$ 或涨落高度 $\sum_{i=1}^{13} h_i$ 之和。因此，当前互联网和彩票投注站上广泛流传的每期每个中奖红球或蓝球的走势图，对于红球系统或蓝球系统的整体走势预测，只具有结构效应，不具有组织效应，是毫无用处的。相反，如果用彩票混沌时间序列对单个蓝球进行“整合”（integrate），那么被整合后的这一部分的整体涌现性、整体走势的组织效应就会涌现出来。又如，如果把彩票混沌时间序列作为时间轴，即把连续开奖的 7 期、13 期、21 期蓝球彩号码加起来（求和）进行整合，求出它们的和值或平均和值 $\left(\sum_{i=1}^{7} \sum_{i=1}^{13} h_i/7、\sum_{i=1}^{13} \sum_{i=1}^{13} h_i/13、\sum_{i=1}^{21} \sum_{i=1}^{13} h_i/21\cdots\right)$ 来平滑噪声，短期内蓝球涨落高度的和值走势图便具有预测性①。

2. 彩票的非结构预测模型要嵌套在彩票混沌时间序列上

嵌套，指彩球在摇奖机中的复杂运动，呈现出一种运动形式嵌套着另一种运动形式，各形式之间非线性叠加耦合，产生像“俄罗斯套娃”一样无穷嵌套的多层次运动。以数据驱动的彩票的非结构预测模型，要如实反映和描述这种嵌套特性，则预测模型的建立必须表现出至少 2 个以上的多层次。一般而言，以数据驱动的非结构预测模型的第一个层次是数理统计对象的选择。根据涌现理论，要观察红球系统或蓝球系统的整体涌现性，不能把单个彩号码作为数理统计对象，为了平滑噪声，一般采用求平均和值的方式，即 $\sum_{i=1}^{m} x_i/m$，那么 m 等于多少？能否取 $m=1、2、3、4、5、5、7\cdots$？显然，为了反映和描述

① 详见《彩票大揭秘——彩票的混沌与分形》一书。

彩球运动的混沌和分形性质，一定要取具有混沌和分形性质的彩票混沌时间序列，即 $m=3$、5、8、13、21、34…，所以红球的统计对象一般取 $\sum_{i=1}^{7} x_i/7$、$\sum_{i=1}^{13} x_i/13$、$\sum_{i=1}^{21} x_i/21$、$\sum_{i=1}^{34} x_i/34$…，蓝球的统计对象一般取 $\sum_{i=1}^{13}\sum_{i=1}^{13} x_i/13$、$\sum_{i=1}^{21}\sum_{i=1}^{13} x_i/21$、$\sum_{i=1}^{34}\sum_{i=1}^{13} x_i/34$…。第二个层次就是对第一个层次选定的统计对象进行数理统计。前面已经介绍了，数理统计必须以彩票混沌时间序列 $n=3$、5、8、13、21、34…为时间轴。通过数理统计找出混沌运动的规律后进入第三个层次，即建立以数据驱动的非结构预测模型，这种模型可能是单一的，也可能是关联的组合模型。无论如何组合，其组合的变量或参数仍离不开彩票混沌时间序列，或者说这些变量或参数必须在彩票混沌时间序列 $n=3$、5、8、13、21、34…上取值。

3. 彩票预测的终端应取在彩票混沌时间序列上

如果把预测或统计对象作为彩票预测的始端，那么建立预测模型的最后一个层次称为终端。前面已经介绍了，彩票的非结构预测模型建立的每一个层次都要嵌套在彩票混沌时间序列上，建立预测模型的最后一个层次（预测终端）同样也应取在彩票混沌时间序列上。例如，无论红球或蓝球的重号预测模型，都指在倒数 13 期内，凡被摇出来的彩号码中的一个或几个在下期可能再被摇出来；凡未被摇出来的彩号码，在下期都不可能被摇出来，精确度大于等于 90%。为什么取倒数 13 期？因为 13~14 这个数据正是彩票混沌时间序列 $h=3$、5、8、13、34、55、89…上的一个分形点。

值得注意的是：运用混沌时间序列建模时，不能生搬硬套，而应灵活机动。例如，红球取 5、8、12、14、21、28、34 …，蓝球取 13、14、18、21、34、55，甚至 3、5、8、9、10、11、13、14、20、21、22、34、55 …。一般权重可取±1、±2、±3，例如蓝球的倒数 m 期克隆重号模型，$m=23$，显然 23 不在混沌时间序列上，但与混沌时间序列上的 21 差 2（23−21=2），权重为+2。

当把彩票混沌时间序列作为平台时，还应注意以下三点。

（1）取值大小与期望值有关。要掌握彩票混沌运动的偏态，只需统计 7~8 期；要掌握彩票混沌运动的一切可能的运动形态，只需统计 50~70 期；要掌握整个系统（红球或蓝球系统）的运动规律，统计次数应大于 50~70 次的 3~7 倍；要掌握 33 个红球或 16 个蓝球中每个彩号码的一切可能的运动形态，统计次数应大于 50~70 次的 13~55 倍。

（2）混沌时间序列 $h=3$、5、8、13、34、55、89 …上的各分形点，不能生搬硬套，应灵活应用，其权重 $\Delta=\pm1\sim\pm3$，所取基数越大，则 Δ 越大，这时一般取 $\Delta=\pm1$。例如上面介绍的重号预测模型，当取倒数 14 期时，比取倒数 13 期精确度更高①。

（3）彩票现象是一种混沌现象，而不是随机现象，只能做短期预测，而非长期预测。外随机的精确度与组成系统的元素的数量或发生的次数有关，数量或次数越多越精确，是一个无限的概念。而内随机的精确度与组成系统的元素的数量或发生的次数无关，也就是说，内随机的精确度是一个有限的概念，局限在有限的时空，混沌时间序列不可能取无穷大。

※三、合理选择初始条件

“本质上，混沌时间序列预测就是非线性系统时间序列预测，建立在混沌前提下的模型应不包括任何明显的随机成分”。而且“由于混沌系统对初始条件十分敏感，不同初始条件的混沌演化大相径庭，

① 需要注意的是，重号预测模型所取倒数期数越大，虽然精确度会越高，但杀号个数会越少。

甚至会影响到混沌现象的产生与否，因此是否合理选择预测初始条件直接影响预测结果的好坏”。但是，目前国内外对这方面的研究太少，一般认为“初始模型参数的确定包括两方面的内容：状态变量初始值确定和系统参数初始值确定”①。

为此，一般在合理选择初始条件时要遵循以下两个原则。

首先应明确“什么是初始条件”“什么是合理选择”。《彩票大揭秘——彩票的混沌与分形》一书已经介绍了“彩票预测一般在相邻两期中进行，即已知上期（n-1）的开奖，预测下期（n）”。所以预测期（n 期）的“初始条件”，应为预测期相邻的倒数 1 期的混沌性质、结构和“生存”条件，在自然科学中常用变量、函数和指数描述。“合理选择”，指对变量、函数和指数的选择上，数量和质量恰到好处，符合预测的要求。“合理选择初始条件”，就是对（n-1）进行定性和定量的分析，选择一个数量和质量都达到预测期望值要求的变量、函数和指数的组合。

第一个原则：“初始模型与观测序列在相空间中的演化规律相似，具有相同的内在特性，即稳定性、周期性、混沌性等，只有二者的内在特性相同，才有可能逼真建模”②。

例如，我们在克隆模型中所建立的 η_x、$\sum^{9}\sum^{6}x$、$\sum^{13}\sum^{6}x$、…$\sum^{21}\sum^{13}x$ 等模型就是在精确度为 0.000001、“演化规律相似、内在特性相同”的条件下克隆出来的。换句话说，只有当第（n-1）期的初始模型与克隆观测的第（n-m）期的状态变量相等时，才具有相同的内在特性，也才有可能逼真建模。

下面我们以蓝球 η_x 预测模型为例进行分析。蓝球 η_x 预测模型又

①② 韩敏．混沌时间序列预测理论和方法［M］．北京：中国水利水电出版社，2007.

叫蓝球 η_x 直杀预测模型。因为应用该模型进行预测，可以不用“计算”，而以“数据”为手段，直接进行预测。η_x 指蓝球和值指数。η_{xn-1} 指蓝球预测期（n 期）的倒数第 1 期（n-1 期）的和值指数。蓝球 η_x 直杀模型，就是蓝球任意一个预测期（n 期）的倒数第 1 期（n-1 期）的和值指数 η_{xn-1} 等于 η_x 直杀模型相对应的数据库中各值时，“初始模型与观测序列”在相空间中的演化规律必定相似，并具有相同的稳定性、周期性、混沌性等内在特性。也就是说，这时的各观测序列都有相对应的几个蓝球在预测期（n 期）不被摇奖机摇出来。即在 0.44~0.70 的每一个 η_{xn-1} 值域内（精确度 0.01，不 4 舍 5 入），都有相对应的 3~5 个蓝球，不用计算，也不用思索，在预测期（n 期）全部直接杀掉，精确度≥90%。这些凡在 η_{xn-1} = 0.44~0.70 值域范围内的特定蓝球，期期都可以被杀掉，这些特定蓝球又称 η_x 黑洞（当 η_{xn-1}≥0.70 时，也可预测，详见蓝球 η_x 黑洞数据库）。η_x 黑洞，与冷热号无关；与 η_x 有关，η_x 不同，黑洞也不同；与开奖的时间轴有关，凡在这个时间轴的延长线上，都可以预测，凡不在这个时间轴的延长线上，都不可以预测。这与《彩票大揭秘——彩票的混沌与分形》一书中所说的彩号注黑洞 x_i 的区别如表 4-1 所示。

表 4-1　η_x 黑洞与彩号注黑洞 x_i 的区别

η_x 黑洞	**彩号注黑洞 x_i**
与 η_x 有关	与 η_x 无关
与 x_i 无关	与 x_i 有关
与温度（冷热）无关	与温度（冷热）有关
与开奖时间轴有关	与开奖时间轴有关
η_x 相同，黑洞也相同	x_i 相同，黑洞不一定相同
一个 η_x 值对应不变的黑洞	一个 x_i 值对应可变的黑洞
既适用蓝球，也适用红球	既适用蓝球，也适用红球

（1）蓝球 η_x 黑洞数据库如表 4-2 所示。

表 4-2　蓝球 η_x 黑洞数据库

η_x	→	杀号	η_x	→	杀号
0.44～0.49		9　11　13　16	0.50～0.54		2　4　7　8　11
0.55～0.59		1　7　15	0.60～0.63		6　15　16
0.64～0.69		2　3　6　9	0.70～0.79		5　8　10　12　13　14
≥0.80		5　8　13　14			
（精确度取 0.01，不 4 舍 5 入）					

（2）蓝球 η_x 直杀模型的步骤：第一步，查 η_x 直杀模型数据库，找出蓝球预测期（n 期）在倒数第 1 期（n-1 期）的和值指数 η_{xn-1} 值；第二步，根据 η_{xn-1} 值，查蓝球 η_x 黑洞数据库，直接找到 η_{xn-1} 值相对应的杀号，即为所求。

（3）模型特点：①静态；②不计算，查 1 个表；③杀号 6 个左右；④不受冷号影响，与季节无关。

例题 2　试用蓝球 η_x 直杀模型预测 2015011～2015030 期连续 20 期，每期不会被摇奖机摇出来的有哪些蓝球。

解：根据蓝球 η_x 直杀模型的步骤，很容易通过查 η_x 静态直杀模型数据库和蓝球 η_x 直杀模型得到表 4-3。

表 4-3　通过直杀模型得出的 2015011～2015030 期的杀号

开奖期	η_{xn-1}	中奖号	杀号
2015011	0.88	15	5　8　9　10　12　13　14
2015012	0.92	6	5　8　9　10　12　13　14
2015013	0.90	1	5　8　9　10　12　13　14
2015014	0.61	11	6　15　16
2015015	0.63	4	6　15　16
2015016	0.63	13	6　15　16

续表

开奖期	η_{xn-1}	中奖号	杀号
2015017	0.62	12	6　15　16
2015018	0.63	9	6　15　16
2015019	0.60	4	6　15　16
2015020	0.55	4	1　7　15
2015021	0.53	8	2　4　7　8　11
2015022	0.56	10	1　7　15
2015023	0.54	1	2　4　7　8　11
2015024	0.50	10	2　4　7　8　11
2015025	0.64	14	2　3　6　9
2015026	0.59	13	1　7　15
2015027	0.66	7	2　3　6　9
2015028	0.64	14	2　3　6　9
2015029	0.70	7	5　8　9　10　12　13　14
2015030	0.66	7	2　3　6　9

可见，20 期共杀号 86 个蓝球，平均每期杀号 4.3 个，精确度 100%。事实上，由于彩票混沌运动不可避免地要受到蝴蝶效应的影响，任何彩票预测模型的精确度都不可能达到 100%。而彩票混沌预测的精确度，不仅是一个相对的概念，而且指的是一个幅度。同样，根据“变量在时间轴上的延续性”还可建立红球 η_x 直杀预测模型。

（1）红球 η_x 黑洞数据库如表 4-4 所示。

表 4-4　红球 η_x 黑洞数据库

η_{xn-1}	→	杀号
0.090000～0.109999		4　5　13　24　27　30
0.110000～0.119999		2　12　20　21　28
0.120000～0.129999		4　21　33

续表

η_{xn-1}	→	杀号
0. 130000~0. 139999		10 16 17 28 33
0. 140000~0. 149999		1 2 6 9
0. 150000~0. 159999		9 11 12 29
0. 161000~0. 169999		2 8 14 21 24 29
0. 1700000~0. 179999		2 8 13 17 29 32
0. 1800000~0. 189999		3 8 20 22 24 27 30
0. 1900000~0. 209999		5 8
0. 2100000~0. 229999		1 2 21 31

(2) 红球 η_x 直杀模型的步骤：第一步，查 η_x 直杀模型数据库，找出红球预测期（n 期）在倒数第 1 期（n-1 期）的和值指数 η_{xn-1} 值；第二步，根据 η_{xn-1} 值，查上面的红球 η_x 黑洞数据库，直接找到 η_{xn-1} 值相对应的杀号，即为所求。

例题 3 试用红球 η_x 直杀模型预测 2019021~2019030 共 10 期，哪些红球可能不会被摇奖机摇出来。

解：按上述步骤很容易列出表 4-5。

表 4-5 用红球 η_x 直杀模型得出的 2019021~2019030 期的杀号

开奖期	η_{xn-1}	杀号	中奖号
2015021	0. 157025	9 11 12	14 15 16 17 27 28
2015022	0. 596939	不符合条件	
2015023	0. 192744	5 8	4 7 10 16 23 25
2015024	0. 204545	5 8	8 9 10 13 29 30
2015025	0. 448889	不符合条件	
2015026	0. 321074	不符合条件	
2015027	0. 112383	2 12 20 21 28	5 7 9 16 26 29

续表

开奖期	η_{xn-1}	杀号	中奖号
2015028	0.150722	9　11　12　29	4　7　10　26　27　28
2015029	0.177083	2　8　13　17　29　32	7　14　15　19　21　28
2015030	0.235828	不符合条件	

可见，10 期中有 3 期（2015022、2015025、2015026）的 $\eta_{xn-1} \geqslant 0.229999$，不符合该模型的 $0.089999 \geqslant \eta_{xn-1} \geqslant 0.229999$ 的条件要求（无解），其余 7 期杀号个数为 2~6 个，全部准确，而且与季节无关，不受冷号影响。所以该模型的特点是：①静态；②不需要计算，只需查 1 个表；③杀号 3~8 个；④不受冷号影响，与季节无关；⑤精确度尚需自适应预测调整。

第二个原则：初始模型与观测序列是在"时域相同，演化行为相似，运动范围相近"的条件下建立的。时域和频域的演化行为相似，运动范围相近[①]。

"时域"，指一定时间和空间的变化和变化率。彩票的混沌预测是指从第 n 期到第(n+1)期(或第 n-1 期到第 n 期)的相邻预测，这时的时域指每期空间的变化、变化速度和变化率。如红球每期和值的时域，指和值的变化 $\Delta\sum x = \sum x_n - \sum x_{n-1}$、和值的变化速度 $= \dfrac{\sum x_n - \sum x_{n-1}}{\delta x}$、和值的变化率 $\eta_x = \dfrac{\sum_{i=1}^{6} xi}{\delta x^2}$。在彩票的混沌预测中，时域指变化率，如和值的变化率 η_x(和值指数)、涨落高度的变化率 η_h(涨落高度指数)、极差的变化率 E_x(极差指数)、落差的变化率 E_h(落差指数)等。显然，这些变化率相当于初中物理中的加速度 $a =$

① 韩敏. 混沌时间序列预测理论和方法［M］. 北京：中国水利水电出版社，2007.

$\frac{v}{t^2}$，即速度的变化率。所以，“时域相同”就是指加速度相同。初始模型与观测序列“时域相同”，就是指初始模型与观测序列的和值指数 η_x 或涨落高度指数 η_h 等相同。由此可见，要构建一个“时域相同”的模型，只需克隆出一个和值指数 η_x 或涨落高度指数 η_h 等相同的克隆期便可实现。

同样，“演化行为”可以引进落差 δh、极差 δx、极差指数 Z_x、落差指数 Z_h、极指差指数 F_x、落指差指数 F_h、和值综合指数 K_x、涨落高度综合指数 K_h、7 期和值指数 W_x、7 期涨落高度指数 W_h、9 期和值指数 W_x、9 期涨落高度指数 W_h 等来描述。

“运动范围”可以用涨落高度 h、彩号码和值 $\sum^6 x$、$\sum^{13} x$、与涨落高度和值 $\sum^6 h$、$\sum^{13} h$ 及彩号码 7 期和值 $\sum^7\sum x$、涨落高度 7 期和值 $\sum^7\sum h$、彩号码 9 期和值 $\sum^9\sum x$、涨落高度 9 期和值 $\sum^9\sum h$ 等来进行描述。

当然，构建一个预测模型并非要把上述20多个变量全部用完，而是要根据研究对象、研究条件、研究目的、期望值等的不同要求进行取舍。例如要掌握瞬间的变化，多用时域性强的 η_x、η_h 指数；要了解空间位置的变化，多用描述运动范围的 h、Δx、Δh、$\sum^7\sum x$、$\sum^7\sum h$、$\sum^9\sum x$、$\sum^9\sum h$ 指数；要了解集团的涌现性，多用 $\sum^6 x$、$\sum^{13} x$、$\sum^6 h$、$\sum^{13} h$ 等和值指数；要减小噪声，多用 $\overline{\sum n^m}$ 等平均值指数；等等。在数量上，有的用 1 个变量，如重号模型、分形模型、间隔模型；有的用 2 个变量，如蓝球的单变量克隆模型；有的用多个变量，如红球和蓝球的景气、关联黑洞模型等。

总而言之，要合理选择初始条件，使初始模型与观测序列在相空间中的演化规律相似。计算实验表明，在“时域相同，演化行为相似，运动范围相近”的条件下，初始模型与观测序列具有相同的内在特性。

四、变量在时间轴上的延续性和非周期性

1970年，Bos和Jenkins出版了专著《时间序列分析、预测与控制》，这标志着非结构时间序列分析和预测进入了一个全新的阶段。在“让数据自己说话”这一理念的指导下，非结构预测被视为一种纯粹的时序分析方法。按照这种理解，确定性趋势、季节性预测也应属于非结构预测的范围。也就是说，趋势、季节建模的可行性“在于许多经济时间序列确实表现出在时间轴上的延续性和周期性”。彩票的趋势、季节非结构预测中，自然可以基于彩票混沌时间序列的时序性，并利用时序分析方法，把彩票的趋势、季节建模通过彩票的状态变量或吸引子在时间轴上的延续性和非周期性表现出来。

“变量在时间轴上的延续性”，指通过对初始状态的变量进行数理统计，得到该系统整体的初始条件并建立数据库，作为预测模型选杀号的标准。如后面介绍的蓝球分形直杀模型的数据库，就是蓝球整个系统的初始条件，凡在该数据库中的涨落高度，都可能在下期被摇奖机摇出来；凡不在该数据库中的涨落高度，都可能在下期不会被摇奖机摇出来。

在建模时要实现“变量在时间轴上的延续性”，正如前面所说，要把模型嵌套在混沌时间序列上。凡是嵌套在混沌时间序列上的模型，变量在时间轴上的内在特性相同，演化规律相似。在彩票预测中，这个属性为建立走势模型、倒数13（14）期重号模型、单变量和多变量克隆等各种动态预测模型奠定了理论基础。

“变量在时间轴上的非周期性”，指彩票混沌现象是一种非周期现

象，非周期现象在预测中除了要注意对任何新建模型都要进行 50～70 期的自适应预测调整外，还应掌握非周期现象在彩票预测中突出表现在“非线性回归”上。前面所介绍的“演化行为相似，运动范围相近”中的“相似”“相近”指的就是一种非线性、非周期现象。本章第四节介绍的多变量克隆模型中所设定的落差指数 Z_h、7 期涨落高度指数 W_h、9 期涨落高度指数 W_h，以及对极差 δx、落差 δh 等设定的权重±1、±3，都是为了适应“变量在时间轴上的非周期性”。

※要深刻理解和掌握“变量在时间轴上的非周期性”“非线性回归”，还应深刻理解被誉为混沌鼻祖的庞加莱（Poincare）所提出的混沌运动的“同宿栅栏”（homoclinic tangle）结构模式。对于任何乐透型彩票，随着不断开奖，所有中奖彩球永远连续不断地运动在两条双向渐近曲线上，“这两条曲线中的任何一条都不会再次与自身相交，但它却以一种极其复杂的方式弯曲着回到自身附近，从而无限次地穿过格子中的所有网点”①，这充分说明，“同宿栅栏”结构模式就是无穷多个两条双向渐近曲线无限次地叠加。美国数学家约克（Yorkej）画出的洛仑兹吸引子的“同宿栅栏”结构，像蝴蝶展开的一对翅膀(如图 4-1 所示)。

彩票“同宿栅栏”结构具有以下五个特点。

（1）彩票混沌运动的非线性回归，不是回到原处而是回到原处的附近。因此在建立模型时要把终点定在原处的附近，即权重取±1。例如第二章所介绍的红球、蓝球 η_{xn-1} 走势模型，都是（n-1）期到相邻 n 期的走势；又如红球的克隆模型，杀号终点为 $n-m$ 的±1，都是定在原处的附近。

（2）彩票运动“无限次地穿过格子中的所有网点”这一遍历现

① 详见《彩票大揭秘——彩票混沌与分形的预测》第 1 章。

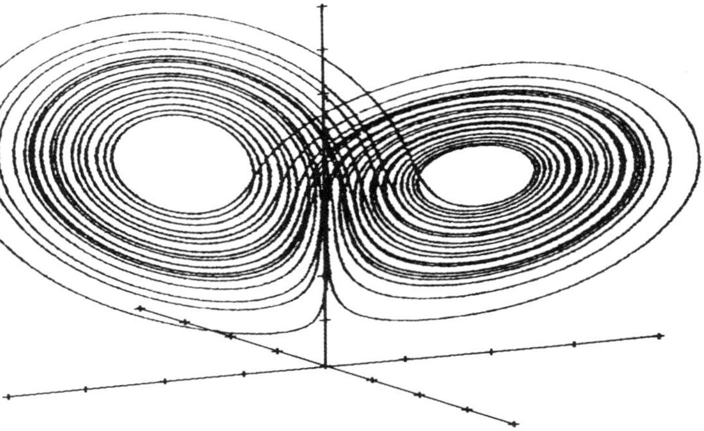

图 4-1 洛仑兹吸引子的“同宿栅栏”结构图

象，说明彩票混沌运动是一种大数据现象，决定了彩票预测模型建立以大数据为基础的彩票数据库的可能性。

（3）各种不同类型的彩票，其运动轨迹就像一群不同种类的蝴蝶飞舞的轨迹。蝴蝶不同，大小不同，形状不同，但运动的轨迹仍在连续不断的两条双向渐近曲线上。

（4）预测中的“景气期”，在“同宿栅栏”结构中指蝴蝶的中心部位；预测中的“不景气期”，指蝴蝶的边缘部位。很显然，从“边缘”到“中心”的运动，或从“中心”到“边缘”的运动，绝不是瞬时的，而是需要一个过程，需要经过多次迭代（开奖）才能实现，因此从“不景气”到“景气”，再从“景气”到“不景气”便产生了一个非周期。计算实验表明，红球 7～13 期，蓝球 13～21 期存在一些“有偏小循环”。彩票的定性预测就要牢牢掌握并灵活应用这个“有偏小循环”，经常思考这个具有双向渐近曲线的蝴蝶形象，随时掌握和控制任何预测期中奖号码在蝴蝶空间上的位置和走势方向。事实上，在已建立的结构模型和非结构模型中，到处都可以找到它的影子。

（5）彩票混沌运动的双向渐近曲线上的短期可预测网点，可以用分数维 $0.44<d\leq 0.66$[①] 进行分形，且在一定条件下，可建立红蓝球的间隔黑洞预测模型。

这时，无论是蓝球还是红球，其混沌运动相互嵌套的多形式、多层次会在不同的分数维 d 和“阀门”中表现出来。当用 $\Delta x=0$、$\Delta x<0$、$\Delta x>0$ 分别描述彩球在蝴蝶中心、左翅膀、右翅膀的运动，并把运动矢量投影在通过蝴蝶中心的笛卡尔坐标的 X 轴上，其运动方向按笛卡尔坐标，在 X 轴上向右为正（$\Delta x>0$），向左为负（$\Delta x<0$），在 Y 轴上向上为正（$\Delta y>0$），向下为负（$\Delta y<0$），那么间隔黑洞模型反映出的彩球的两条双向渐近曲线运动（蝴蝶运动）如图 4-2 所示。

由此可见，任何一个彩球在摇奖机中的运动都要产生多形式、多层次的非周期 $\pm\Delta x$ 变化，如果用 Δx 的正、负描述运动的方向，1 个箭头（“→”）代表一次非周期运动层次，一个括号（“{”）代表一个运动形式，那么当取彩球的分数维 $d=0.5$ 时，任何一个彩球从起点 x_{n-1} 到终点 x_n，至少要经过 4~5 次非周期运动、4~6 个多层次嵌套。并可写成如下关系式：

$$x_n=x_{n-1}\pm\Delta x \tag{4-1}$$

显然，起点 x_{n-1} 是已知量，只需求出 Δx，终点 x_n 自然可得。

这一实例也可证实，彩票混沌运动具有多层次、相互嵌套的精细结构，是一种多体、多元、多形式、多要素、多层次的非周期运动，但同时又是一种可短期预测（长期不可预测）的彩票吸引子 $Cn+1=\mu Cn(1-Cn)$ 的迭代运动。

---

① 汪同三，张涛. 组合预测：理论、方法及应用［M］. 北京：中国社会科学文献出版社，2008.

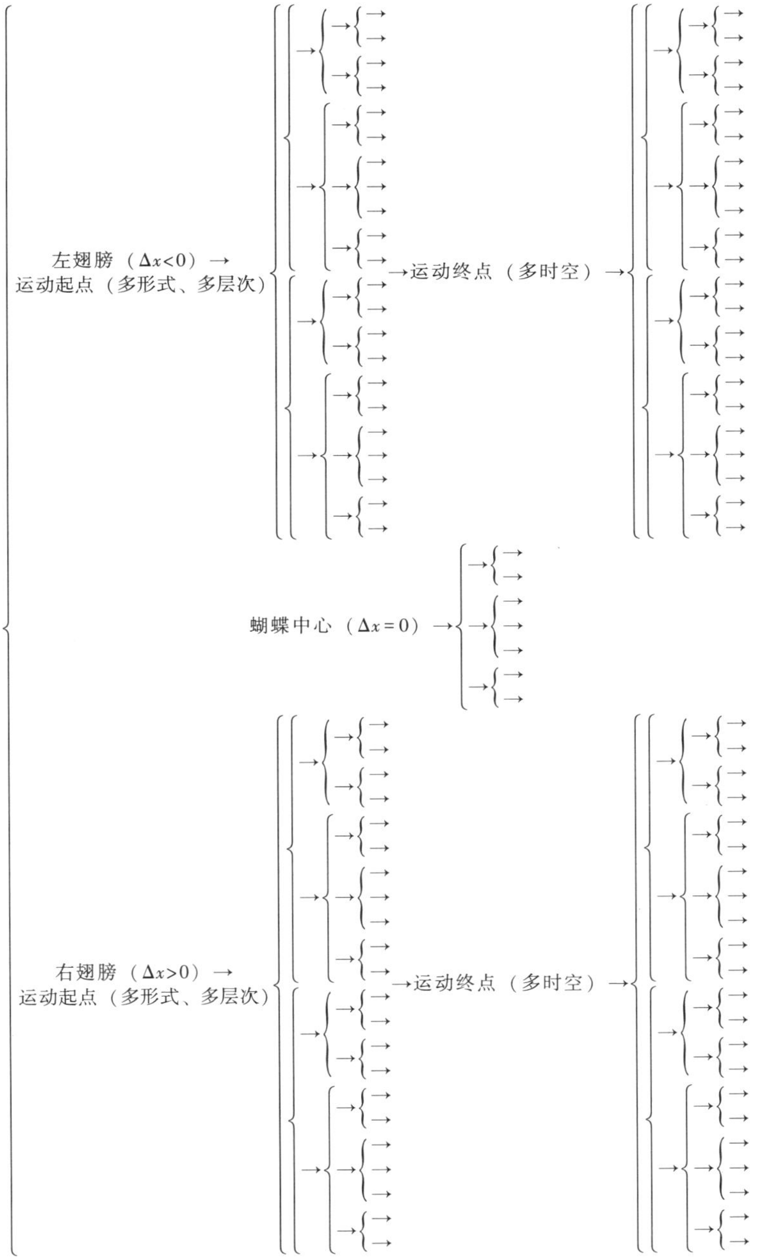

图 4-2　彩球的蝴蝶运动示意图

第二节　彩票混沌与分形预测中的四种主要非结构预测模式

一、突出初始模型和观察序列在相空间中的混沌特性

关于“初始模型和观察序列在相空间中具有混沌特性”的问题在前面已进行了详细的研讨，下面着重用这个理念解析重号模型的建立过程。

“重号”，指开奖过程中重复出现的彩号码。重复出现有连续和离散之分：连续出现一次，叫“一重号”；连续出现二次，叫“二重号”；连续出现三次，叫“三重号”；以此类推。一般“一重号”最多，“二重号”次之，最多出现“五重号”。如果离散地重复出现，红球多数在 1~13 期（开奖期）出现，其中 1~3 期最多。

重号模型，是以彩号码 x 为自变量并在开奖时间轴的延续轴上所建立的预测模型。计算实验表明，当红球满足以下条件时：

$$0.09 \leqslant \eta_{xn-1} \leqslant 0.21$$

$$m^{①} = 13$$

在某个一定的“小循环”中，预测期（n）的中奖彩号码的大小和疏密程度都会在倒数 13、14 期表现出来。

例如，任意选取连续 11 期（20140101~20140111 期）红球的 6 个中奖号码（x）、和值（$\sum^{6}$）、极差（δx）、和值指数（η_x），如表 4-6 所示。

---

① m 指预测期的倒数期表。

表 4－6 20140101 ～ 2014011 期红球的 6 个中奖号码（x）、和值（$\sum^6$）、极差（δx）、和值指数（η_x）

开奖期	中奖号（x）						和值（Σ^6）	极差（δx）	和值指数（η_x）
20140101	16	18	20	23	24	32	133	16	0. 519531
20140102	14	16	21	24	28	31	134	17	0. 463668
20140103	3	8	9	10	18	33	81	30	0. 090000
20140104	2	6	12	19	27	28	94	26	0. 139053
20140105	14	16	17	19	27	32	125	18	0. 385802
20140106	9	14	17	18	21	25	104	16	0. 406250
20140107	11	14	17	22	25	27	116	16	0. 453125
20140108	3	8	9	20	23	28	91	25	0. 145600
20140109	2	5	11	15	19	28	80	26	0. 118343
20140110	1	8	11	13	19	30	82	29	0. 97503
20140111	2	8	17	20	22	28	97	26	0. 143491

从表 4-6 可知，解析 20140101～20140111 期红球的 6 个中奖号码（x）可发现，当 $0.09 \leq \eta_{xn-1} \leq 0.20$ 时，任意确定一个预测期（n 期），在倒数 13 期（$m=13$）内的各期中奖号中均可找到预测期中 6 个中奖号码，覆盖率达 90%以上。

表 4-7 列出了 20140101～20140111 期的覆盖情况。

表 4-7

开奖期	中奖号（x）						η_x	倒数 m 期 $x_m=x_n$ 时的 m 值												
							m=	1	2	3	4	5	6	7	8	9	10	11	12	13
20140101	16	18	20	23	24	32	0. 519531													
20140102	14	16	21	24	28	31	0. 463668													
20140103	3	8	9	10	18	33	0. 090000		18	9	10						8	3		
20140104	2	6	12	19	27	28	0. 139053	27	28		6		2		12					

续表

开奖期	中奖号（x）	η_x	倒数 m 期 $x_m=x_n$ 时的 m 值												
			m= 1	2	3	4	5	6	7	8	9	10	11	12	13
										19					
20140105	14 16 17 19 27 32	0.385802													
20140106	9 14 17 18 21 25	0.406250													
20140107	11 14 17 22 25 27	0.453125													
20140108	3 8 9 20 23 28	0.145600		9		28	3		20						
							8		23						
20140109	2 5 11 15 19 28	0.118343	28		11	2						5			
						19									
20140110	1 8 11 13 19 30	0.97503													
20140111	2 8 17 20 22 28	0.143491	8	2	20	17									
				28		22									

显然，在连续开奖的 11 期中（2014101～2014111 期），只有 20140103 期、20140104 期、20140108 期、20140109 期、20140111 期的 η_x 在 0.09～0.20 之间，符合 η_x 要求的这 5 期中，能在倒数 13 期（$m\leqslant 13$）内全覆盖预测期 6 个中奖号的有 3 期（220140104 期、20140108 期、20140111 期），覆盖预测期 5 个中奖号的有 2 期（20140103 期、20140109 期），按期数 100%覆盖的占 60%，如果按中奖彩号码个数计，在 5 期 30 个预选红球中覆盖 28 个，覆盖率达 93.33%。

为了了解初始模型和观察序列在相空间中所具有的离散重号现象和混沌特性，我们再看看当和值指数 $\eta_x=0.09\sim0.3$ 时，红球在 763 期（201001～20140152 期）内连续 13 期出现离散重号，数理统计如表 4-8 所示（精确度取 0.01，不 4 舍 5 入）。

表 4-8　红球在 201001～20140152 期

m	η_x												
	0.09	0.10	0.11	0.12	0.13	0.14	0.15	0.16	0.17	0.18	0.19	0.20	0.21
1	7	4	3		6	11	3	2	2	2	3	8	7
2	3	4	5	2	7	7	5	1	6	4	3	4	4
3	1	4	5	2	6	6	4	5	6	4	6	4	
4	1	2		1	1	5	5	4	5	3	5	2	1
5	4	1		2	7	6	2	2	3	2	4	6	2
6	5		2	1	5	1	2	3	3	2	2	2	2
7	4	2		2	4	3	3	1	2	2	4	3	3
8	1	3	3	2	5	5	4	1	3	3		3	1
9	1		1	3	3	2	3		3	1	1	2	1
10	4	1	3	1	2	1			2		1		
11	3	1		1	2	4			2	1	2	1	1
12				1	4	2	2		1	3	4	1	
13	1	1		1	1		1		2				1

m	η_x										
	0.22	0.23	0.24	0.25	0.26	0.27	0.28	0.29	0.30	合计	%
1	4	3	3	4	5	11	1	6	3	96	14
2	3	4	5	4	3	6	3	4	2	89	13
3	4	3	5	4	6	3	3	4	4	88	13
4	5	2	1	3	6	7	3		4	66	
5	5	2	5		2	2	1	3	1	62	
6	2	2	1	3	3	3	2	2	3	51	
7	4	1	5	2	2	1	2	2	1	53	
8	4	1	3		2	2	1		2	47	
9	2	1	1	1	1	2	1		2	32	
10	2	2	2		2	1		1		25	
11			1	1	1		1	2	1	26	
12	1	1	1				1		1	24	
13	2		1				1		14		
合计										673	94

注：$0.08 \geqslant \eta_x \geqslant 0.31$ 出现次数为 46，故 $0.09 \leqslant \eta_x \leqslant 0.30$ 出现次数为 $763-46=717$。

由此可见，当 $\eta_x=0.09\sim0.3$ 时，初始的 201001 期和 201002~20140152 的各观测期所建立的序列，在相空间中的离散重号现象具有以下特点：

（1）在连续开奖的 13 期中，每期重号次数不等，但在彩票混沌时间序列 3、5、8（7、9）、13、…中表现得十分明显。特别在倒数 3 期、7 期、9 期、11 期、13 期显得十分突出。

（2）在倒数 3 期离散重号次数最多，合计 273 次，占 763 次的 36%，也就是说重号在倒数 3 期内最容易产生，其次为倒数 7 期、倒数 9 期内，或者说“有偏小循环”为 7~9 期，这也是有的彩票专家把短期统计放在 10 期内的原因。

（3）在倒数 13 期内离散重号次数共 672 次，占重号总次数 717 次的 94%。也就是说，无论是连续重号还是离散重号，在倒数 13 期内的重号占了绝大多数。

我们根据离散重号现象具有的上述特点可建立重号直杀预测模型。建立重号直杀预测模型的要点有 4 个：①在预测期（n）的连续倒数 13~14 期内寻找 33 个红球或 16 个蓝球，凡存在者，选之；不存在者，杀之。②适用条件，红球，$\eta_{xn-1}=0.09\sim0.30$；蓝球，$\eta_{xn-1}=0.44\sim0.69$；$h_n\leqslant13$。③覆盖率为 86%~94%，红球杀号 2~5 个；蓝球杀号 5~10 个。④预测步骤，第一步，查红球或蓝球重号模型表的 η_{xn-1}，看是否符合适用条件（hn 的适用条件通过彩票走势模型或经验模型进行预测）。第二步，从（n-1）期起，在连续倒数 14 期内，把 84 个（6×14）红球同项合并，凡在 33 个红球中者，选之；不在 33 个红球中者，杀之。同样，对于蓝球，在连续倒数 14 期内，把 14×1=14 个蓝球同项合并，凡在 16 个蓝球中者，选之；不在 16 个蓝球中者，杀之。

离散重号模型写成公式为：

［红球］

$$\begin{cases} m=13 \\ x_i^{n-1}、x_i^{n-2}、\cdots、x_i^{n-13} \end{cases} \quad 或 \quad \begin{cases} m=14 \\ x_i^{n-1}、x_i^{n-2}、\cdots、x_i^{n-14} \end{cases} \tag{4-2}$$

［蓝球］

$$\begin{cases} m=13 \\ x_i^{n-1}、x_i^{n-2}、\cdots、x_i^{n-13} \end{cases} \quad 或 \quad \begin{cases} m=14 \\ x_i^{n-1}、x_i^{n-2}、\cdots、x_i^{n-14} \end{cases} \tag{4-3}$$

$i=1$（蓝球）

$i=1、2、3、4、5、6$（红球）

需要注意的是，一般而言，选 $m=14$ 比选 $m=13$ 更准确。

预测实战中的重号模型，一般取倒数 14 期，所以重号模型又称倒数 14 期重号模型，这种模型可建立在开奖的时间轴上，如上面介绍的离散重号模型，简称重号模型。

下面分蓝球和红球分别介绍。

1. 蓝球重号模型（倒数 14 期重号模型）

蓝球重号模型的公式一般用：

$$\begin{cases} m=14 \\ x_i^{n-1}、x_i^{n-2}、\cdots、x_i^{n-14} \end{cases}$$

从蓝球预测期（n 期）的倒数第 1 期（n-1 期）起，凡在连续倒数 14 期内（2 个“7 期小循环”）的所有中奖蓝球，都是可能会被摇奖机摇出的蓝球；凡不在连续倒数 14 期内的所有中奖蓝球，都是可能不会被摇奖机摇出的蓝球（在全智能数据库中，只显示可能不会被摇奖机摇出的蓝球）。

蓝球重号模型的构建步骤为：

第一步，通过蓝球倒数 14 期重号模型数据库，查预测期（n 期）的倒数第 1 期（n-1 期）的 x_i^{n-1} 值。

第二步，从（n-1）期起，在连续倒数 14 期（$m=14$）内，把 14（14×1）个蓝球的 x_i^{n-m} 同项合并。

第三步，假设 16 个蓝球全部被摇出来，将 16 个蓝球与同项合并后的 x_i^{n-m} 进行比较，凡相同者选之，不同者杀之。

计算机操作：调出蓝球倒数 14 期重号模型数据库→查预测期（n）的倒数第 1 期（n-1 期）横坐标→相对应的计算机统计的倒数 14 期内的蓝球①→即为所求的杀号。

2. 红球重号模型（倒数 14 期重号模型）

红球重号模型的公式一般用：

$$\begin{cases} m=14 \\ x_i^{n-1}、x_i^{n-2}、\cdots、x_i^{n-14} \end{cases}$$

从红球预测期（n）的倒数第 1 期（n-1 期）起，凡在连续倒数 14 期内（2 个“7 期小循环”）的所有中奖红球，都是可能会被摇奖机摇出的红球；凡不在连续倒数 14 期内的所有中奖红球，都是可能不会被摇奖机摇出的红球（在全智能数据库中，只显示可能不会被摇奖机摇出的红球）。

红球重号模型的构建步骤为：

第一步，通过红球倒数 14 期重号模型数据库，查预测期（n 期）的倒数第 1 期（n-1 期）的 x_i^{n-1} 值。

第二步，从（n-1）期起，在连续倒数 14 期（$m=14$）内，把 84 个（14×6）红球的 x_i^{n-m} 同项合并。

第三步，假设 33 个红球全部被摇出来，将 33 个红球与同项合并后的 x_i^{n-m} 进行比较，凡是相同者选之，不同者杀之。

计算机操作：调出红球倒数 14 期重号模型数据库→查预测期

① 凡数据库中显示的数据都是可能不会被摇奖机摇出的蓝球。

(n) 的倒数第 1 期 (n-1 期) 横坐标→相对应的计算机统计的倒数 14 期内的红球[①]→即为所求的杀号。

模型特点：①动态；②不用计算，只需查 1 个表；③杀号 4~8 个；④与季节有关，受冷号影响；⑤全智能数据库。

例题 4　试用重号预测模型在“非计算机操作”条件下，预测 20140124 期哪些红球和蓝球不会被摇奖机摇出来。

解： 选模型 $\begin{cases} m=13 \\ x_i^{n-1}、x_i^{n-2}、\cdots、x_i^{n-13} \end{cases}$

[红球] 第一步，查红球指数数据库得 $\eta_{xn-1}=0.093750$，符合适用条件 $\eta_{xn-1}=0.09\sim0.30$，可以预测。

第二步，从 20140123 期 (n-1 期) 起，在倒数 13 期内 (20140123~20140111 期)，找出每期 6 个中奖号码，如表 4-9 所示。

表 4-9　20140123~20140111 期每期 6 个中将号码

开奖期	x_1	x_2	x_3	x_4	x_5	x_6	开奖期	x_1	x_2	x_3	x_4	x_5	x_6
20140111	2	8	17	20	22	28	20140118	5	7	15	18	26	30
20140112	1	15	16	21	24	30	20140119	6	13	17	20	26	29
20140113	12	14	28	31	32	33	20140120	1	7	13	22	28	30
20140114	2	7	23	30	32	33	20140121	1	2	13	22	28	30
20140115	1	9	10	11	13	32	20140122	6	9	11	16	20	29
20140116	9	10	14	15	19	29	20140123	1	6	11	17	28	33
20140117	5	10	17	25	28	29							

将 13 期中的 78 个红球同项合并得：1、2、5、6、7、8、9、10、11、13、14、15、16、17、18、19、20、21、22、23、24、25、26、28、29、30、31、32、33（共 29 个），即为可能被摇奖机摇出的红

① 凡数据库中显示的数据都是可能不会被摇奖机摇出的红球。

球，显然有 3、4、12、27 共 4 个红球不会被摇奖机摇出来。

[**蓝球**] 第一步，查蓝球指数数据库得 $\eta_{xn-1}=0.459184$，符合适用条件 $\eta_{xn-1}=0.44\sim0.69$。至于 $h_n\leqslant13$ 的条件，除通过彩票走势模型进行预测外，最简单的办法就是查 n 期前 5 期蓝球涨落高度的变化，其规律是：

凡连续 2~3 期 $h\geqslant14$，之后 h 一般会下降，即 $h_n\leqslant13$；

凡连续 2~4 期 $h\leqslant13$，之后 h 一般会上升，即 $h_n\geqslant14$。

查数据库，20140124 期的前 5 期，即 20140119 期、20140120 期、20140121 期、20140122 期、20140123 期蓝球的涨落高度分别为 29、2、1、21、29，显然 20140124 期的前 2 期涨落高度分别为 29、21，均大于 14，则 n 期（20140124）的涨落高度必小于 13，符合 $hn\leqslant13$ 的要求。可见，$\eta_{xn-1}=0.44\sim0.69$ 和 $hn\leqslant13$ 的适用条件都得到了满足，故可以预测。

第二步，从 201440123 期（n－1 期）起，在连续倒数 13 期内（20140123~20140111 期），找出 13 个蓝球为 5、11、9、4、9、3、4、16、3、10、7、3、2，同项合并得 2、3、4、5、7、9、10、11、16，共 9 个蓝球，即为可能被摇奖机摇出的蓝球，显然有 1、6、8、12、13、14、15 共 7 个蓝球不会被摇奖机摇出来。20140124 期中奖红球为 7、12、14、17、20、23，蓝球为 4，预测准确。

例题 5 试用蓝球重号预测模型，在“计算机操作”条件下，连续预测 2014111~2014120 期有哪些蓝球不会被摇奖机摇出来。

解： 选模型 $\begin{cases} m=14 \\ x_i^{n-1}、x_i^{n-2}、\cdots\cdots、x_i^{n-14} \end{cases}$

查蓝球全智能倒数 14 期重号预测模型数据库，很容易在第（n－1）期（2014111 期）的横坐标上，查得已由计算机自动筛选出的在倒数 14 期内的重号蓝球（可能不会被摇奖机摇出的蓝球）为 1、3、5、8、

9、10、12。同样，很容易查得2014112～2014120期在倒数14期内的蓝球和未被摇奖机摇出的各期蓝球，如表4-10所示。

表4-10　2014111～2014120期的蓝球和各期未被摇奖机摇出的蓝球

n	n期蓝球	第n期倒数14期内的蓝球	未被摇奖机摇出的蓝球
2014111	2	2 4 6 7 11 13 14 15 16	1 3 5 8 9 10 12
2014112	3	2 4 6 7 11 13 14 15 16	1 3 5 8 9 10 12
2014113	7	2 3 4 6 7 11 13 14 15 16	1 5 8 9 10 12
2014114	10	2 3 4 6 7 10 13 15 16	1 5 8 9 11 12 14
2014115	3	2 3 4 6 7 10 13 15 16	1 5 8 9 11 12 14
2014116	16	2 3 4 6 7 10 13 15 16	1 5 8 9 11 12 14
2014117	4	2 3 4 6 7 10 13 15 16	1 5 8 9 11 12 14
2014118	3	2 3 4 6 7 10 13 15 16	1 5 8 9 11 12 14
2014119	9	2 3 4 6 7 10 15 16	1 5 8 9 11 12 13 14
2014120	4	2 3 4 6 7 9 10 15 16	1 5 8 11 12 13 14

显然，从2014111～2014120期连续10期预测中，错杀2期（2014112期、2014119期），准确率为80%。

需要注意的是，任何预测模型，连续预测都是不可取的（详见第六章），因存在蝴蝶效应，不能期期都预测，一定要在投注前进行趋势预测和景气预测。

※二、突出初始模型和观察序列在相空间中的分形特性

彩票既具有平庸吸引子，又具有奇怪吸引子；既具有二重分形、多重分形，又具有随机分形。层次不同，分岔点不同，收敛点不同，彩票的分数维也不同。

彩票吸引子的分形特性，可用彩票吸引子 $Cn+1=\mu Cn$（$1-Cn$）的

分数维 d（$0.44<d\leq 0.66$）进行描述。

（1）在分数维 $d=0.44\sim 0.66$ 之外的彩号码，可能不会被摇奖机摇出来。例如，在分数维 d 的下限 0.44 附近（$d=0.44-\sigma$）、在分数维 d 的上限 0.66 附近（$d=0.66+\omega$）① 的彩号码，都可能不会被摇奖机摇出来。由此，可以建立彩票的分形极值黑洞模型。

（2）分数维 d 在 $0.44\sim 0.66$ 之间的彩号码，可能会被摇奖机摇出来。换句话说，分数维 d 在 $0.44\sim 0.66$ 之间，都可反映和描述彩票在对应空间上的混沌运动，并建立相应的分形模型。但要使该模型具有预测功能，必须突出初始模型和观察序列在相空间中的分形特性。例如，第二章中介绍的混沌边缘模型，突出初始模型和观察序列在相空间中所具有的分数维 $d=0.635$；第三章中介绍的混沌时间序列，突出初始模型和观察序列在相空间中所具有的分数维 $d=0.618$；前面介绍的以数据驱动的、在非线性回归中具有分形特性的红球、蓝球间隔模型，突出初始模型和观察序列在相空间中所具有的分数维 $d=0.5$。显然，分数维 $d=0.635$ 的混沌边缘模型、$d=0.618$ 的混沌时间序列和 $d=0.5$ 的红球、蓝球间隔模型，其分数维 d 的取值都在 $0.44\sim 0.66$ 之间。感兴趣的读者可以根据分数维 d 在 $0.44\sim 0.66$ 之间和之外两个思路，建立更多、更好的彩票预测模型。由于彩票在中国起步较晚，时间噪声极大，因此，间隔模型留给感兴趣和研究型的读者去研究，此处不再赘述。

三、根据所测的实际数据样本确定状态变量的初值，从而得到整个系统的初始状态

分形直杀模型、$\overline{\sum_{i=1}^{m}\sum_{1}^{13}x_{n_{n-1}}}$ 模型、$\overline{\sum_{i=1}^{m}\sum_{1}^{6}x_{n_{n-1}}}$ 模型等所建

① σ、ω 为权重，取 $\sigma=+1$、-1、-2、-3，$\omega=+1$、$+2$、$+3$。

立的数据库，就是通过实际数据样本初值的集合得到整个系统的初始状态。下面以蓝球分形直杀模型为例进行详细分析。

蓝球分形直杀模型，是根据双色球 2003 年开奖以来所提供的“第n-1 期→第 n 期”相邻高度的走势，即“$h_{n-1} \to h_n$”的实际数据样本确定状态变量的初值，并通过数理统计汇集所有的初值，在建立下列数据库的基础上，拟定预测步骤后建立起来的。

（1）先查询蓝球分形直杀模型预测的涨落高度，如表 4-11 所示。

表 4-11　蓝球分形直杀模型预测的涨落高度表

$h_{n-1} \to$	h_n
0	1　2　4　5　6　7　8　9　10　11　12　13　14　15　16　17　20　25　26　27　28　29　30　31　34
1	0　1　2　3　4　6　7　8　9　10　11　12　13　14　15　16　17　18　19　21　23　24　26　28　30　31　33
2	0　1　2　4　5　6　8　9　10　11　12　14　15　16　18　25　29
3	0　1　2　3　4　5　6　7　8　9　10　11　12　14　15　17　18　22　23　25　26　28　29　31　32
4	0　1　2　3　4　6　7　8　9　10　11　12　14　15　16　17　18　19　20　22　23　26　27　28　34　35　36
5	0　1　2　3　4　5　6　7　8　9　10　11　12　13　14　15　16　17　18　19　20　21　22　23　33
6	0　1　2　3　4　5　6　7　8　9　10　11　12　13　14　16　17　18　19　20　21　22　25　26　28　32　34　38
7	0　1　2　3　4　5　6　7　9　10　11　12　13　14　16　17　19　20　21　23　24　27　38　41
8	0　1　2　3　4　5　6　7　9　10　11　12　13　14　15　16　18　19　20　21　22　23　24　26　27　32　38
9	1　2　3　4　5　6　7　9　10　11　12　13　14　15　16　19　20　21　23　24　25　28　29　30　31
10	0　1　2　4　5　6　14　15　16　18　19　20　22　23　24　25　26

续表

h_{n-1}→	h_n
11	0 1 2 3 4 5 6 7 8 9 10 11 12 13 14 15 16 17 18 19 20 21 22 23 24 25 26 27 28 35 41
12	0 1 2 3 4 5 6 7 8 9 10 11 12 13 16 17 18 19 20 21 22 26 27
13	0 1 2 3 4 5 6 7 8 9 11 12 14 15 17 18 19 21 22 23 24 25 26 27 28 29 30 31 33
14	0 1 2 4 7 8 9 10 11 17 18 19 20 24 26 27 28 30
15	0 1 2 3 4 5 6 7 8 9 11 12 13 17 18 19 21 22 23 24 25 26 27 28 29 30 31 32 33
16	1 2 3 4 5 6 7 8 9 10 11 12 13 14 15 16 17 18 19 20 21 22 23 24 25 26 27 28 29 30 31 32 39 40 44 45 46 47
17	1 2 3 5 4 6 7 9 11 13 15 19 21 23 25 27 28 29 30 31 32 33
18	0 2 3 6 7 10 12 14 16 23 25 29 30 32 33 36
19	3 5 6 7 9 12 13 15 16 22 23 25 26 29 31 32 33 35
20	1 3 4 5 7 9 10 11 13 17 23 27 29 31 33 35 37 39
21	1 6 7 9 10 11 13 14 18 19 23 24 28 29 32 33 35 36 43 53
22	1 3 4 5 6 7 9 16 18 28 44 46 47 48 49 50 51 52 54
23	0 1 2 6 8 9 12 15 21 23 34 37 38 45 46 48 52 54 55

h_{n-1} 指第（n-1）期某蓝球的涨落高度，h_n 指第 n 期摇奖机摇出来的某中奖蓝球的涨落高度，h'_n 指未被摇奖机摇出。

（2）蓝球分形直杀模型预测的步骤如下：

第一步，从蓝球涨落高度表中查出第（n-1）期蓝球相对应的涨落高度 h_{n-1}。

第二步，将 h_{n-1} 代入公式模式计算出第 n 期涨落高度 h_n，或通过直杀模式直接查出第 n 期的涨落高度 h_n。

第三步，通过蓝球涨落高度表，把查出的各涨落高度 h_n 转化为相对应的各蓝球 x_n，即为可能被摇奖机摇出的蓝球 x_n。

第四步，在 16 个蓝球中除去被摇奖机摇出的蓝球 x_n，剩下的就是可能不会被摇奖机摇出的蓝球，即为所求。操作过程为：通过 h_n 找出 h_n'，再通过 h_n' 找出杀号 x_n。

例题 6　试用蓝球分形直杀模型连续 10 期（2014111 ~ 2014120 期）的数据，预测哪些蓝球不会被摇奖机摇出来。

解：第一步，从蓝球涨落高度表中查出第（n-1）期蓝球相对应的涨落高度 h_{n-1}。

第二步，通过直杀模型直接查出第 n 期涨落高度 h_n。

第三步，将直接查出的各涨落高度 h_i^n 转化为相对应的各蓝球 x_i^n，即为可能被摇奖机摇出的蓝球 x_i^n。

第四步，在 16 个蓝球中除去被摇奖机摇出的蓝球 x_n，剩下的就是可能不会被摇奖机摇出的蓝球（即为所求）。

根据上述步骤可得表 4-12（h_i^n、x_i^n 均按蓝球从小到大排列）。

表 4-12　2014111 ~ 2014120 期蓝球的涨落高度及摇出情况

（n-1）期	x_n	h_{n-1}	h_i^n	x_i^n
2014111	2	22	1　74　17　0　9　14 21　29　10　27　11	2　3　5　6　7　8　9 10　11　12　14
2014112	3	1	75　22　5	3　9　15
2014113	7	75	无	无
2014114	10	11	32	10
2014115	3	32	无	无
2014116	16	2	21　22　19　26　15　32	1　5　8　9　11　12

续表

(n-1) 期	x_n	h_{n-1}	h_i^n	x_i^n
2014117	4	8	20 33 17	8 12 14
2014118	3	11	34	12
2014119	9	2	24 7 22 35 19	1 2 8 12 14
2014120	4	29	无	无

查到 2014111~2013120 期中奖蓝球依次为 2、3、7、10、3、16、4、3、9、4，错杀 2 期（2014111 期、2014112 期），3 期无效（2014113 期、2014115 期、2014120 期），准确杀号 5 期（2014114 期、2014116 期、2014117 期、2014118 期、2014119 期）。这充分说明，彩票的混沌预测具有以下特点：

（1）彩票不能期期投注，投注前必须进行趋势与景气预测。例如 2014111 ~ 2013120 期中，2014113 期、2014115 期、2014120 期的 h_{n-1} = 75、32、29，远远超越了数据库的范围，不宜投注。

（2）彩票不能长期预测，只能短期预测。彩票的短期预测，仍不能保证期期准确率都能达到 100%，因为彩票混沌运动存在的系统噪声干扰是不可避免的。例如从 2014112 期错杀的蓝球 3 可发现，其（n-1）期的 h_{n-1} = 75，显然这是由于系统噪声干扰所产生的有偏游动，相当于已沉睡了半年多的冷号又突然变成了一匹黑马。当然，这种噪声干扰也不会期期发生。

（3）在景气期预测，每期选杀号的个数不尽相同，但一般 1 个模型的杀号在 3~7 个。凡是杀号个数大于等于 10，则肯定有错杀现象；凡是杀号个数小于等于 3，则效率太低，应淘汰。例如，2014111 期杀号个数为 11，难免会错杀。

可见，蓝球分形直杀模型预测的数据库，就是通过实际数据样本初值的集合所得到的整个蓝球系统的初始状态，凡在数据库中的涨落高度（1个或多个），下期都可能会被摇出来；凡不在数据库中的涨落高度，下期都可能不会被摇出来。基于此创建的蓝球分形直杀预测模型，精确度在90%以上。

例题7　试用蓝球倒数14期重号模型和分形直杀模型对2015024期的蓝球进行预测。

倒数14期重号模型：

查蓝球全智能倒数14期重号预测模型数据库，很容易在第（n-1）期（2015023期）的横坐标上，查得已由计算机自动筛选出的在倒数14期内的重号蓝球（可能不会被摇奖机摇出的蓝球）为2、3、5、7、14、16。→（1）

分形直杀模型：

同样根据解分形直杀模型步骤可得：

$h_i^n=0$　8 17 18 22 26 27 32…41…62

$x_i^n=1$　　　　　　　　16　2　7 →（2）

结合（1）和（2），并进行同号合并得出1、2、3、5、7、14、16，即为可能不会被摇奖机摇出的蓝球，显然16个蓝球中可能会被摇奖机摇出的蓝球为4、6、8、9、10、11、12、13、15，共9个球。

查得2015024期中奖蓝球为10，预测准确。

※四、初始模型与预测模型的“时域相同、演化行为相似、运动范围相近”

关于初始模型与预测模型“时域相同、演化行为相似、运动范围相近”的问题，在前面已经进行了详细的剖析。遵循这个原则建立预测模型的关键点有3个：①把物理问题变成数学问题。例如“时域”可用和值指数η_x或涨落高度指数η_h等来描述；“演化行为”可用落差δh、极差δx、极差指数Z_x、落差指数Z_h、极指差指数F_x、落指差指数

F_h、和值综合指数K_x、涨落高度综合指数K_h、7期和值指数W_x、7期涨落高度指数W_h、9期和值指数W_x、9期涨落高度指数W_h等来描述；“运动范围”可用涨落高度h、彩号码和值$\sum^6 x$与$\sum^{13} x$、涨落高度和值$\sum^6 h$与$\sum^{13} h$、彩号码7期和值$\sum^7 \sum x$、涨落高度7期和值$\sum^7 \sum h$、彩号码9期和值$\sum^9 \sum x$、涨落高度9期和值$\sum^9 \sum h$等来进行描述。②根据不同的研究对象、研究目的、预测期望值等，进行数量和质量的取舍。在数量上可是1个、2个、3个等，凡用1个变量进行描述的为单变量，用2个变量进行描述的为双变量，用3个或3个以上变量进行描述的为多变量；在质量上既可以同时反映“时域相同”“演化行为相似”“运动范围相近”，也可以在三者中更偏重于某一种或两种运动形态，总之要根据预测的期望值灵活应用。一般而言，变量越多，设置的关卡越多，预测的精确度越高。例如双变量预测模型比单变量预测模型准确。但多变量条件要求高，适用范围不广，所以在预测中究竟选择何种模型、选多少变量，应根据预测的期望值和当时的具体情况而定。③运用彩票混沌时间序列，准确选定时间轴上的分形点。因蓝球的涨落强度比红球大，所以蓝球的分形点比红球更靠后面较大的数。一般红球选倒数5、8、13、21期，蓝球选倒数8、13、21、34期，权重为±1～3。

实战中，一般会建立单变量克隆重号模型与双变量克隆重号模型，倒数14期重号模型与分形模型进行直杀，其余的留给感兴趣的读者。

第五章

彩票混沌分形与大数据相结合的智能预测

非结构预测模型多种多样，所选角度不同、相空间不同、驱动的数据不同，构建的模型不同；选用的变量不同、变量的数量不同、变量的克隆不同，构建的模型也不同。用同一个课题、同一个空间、同一组数据、同一个变量，也可构建多个模型。尽管形式各异，但这些以数据驱动的模型，都是以计算机技术为工具，以单变量、双变量、多变量为研究对象，以大数据为基础构建的半智能和全智能化的预测模型。本章仅从实战出发，扼要介绍大数据预测的特点，着重介绍彩票混沌分形预测与大数据预测相结合的单变量、双变量、多变量智能预测。

第一节　大数据预测特点

大数据预测有别于传统的小数据预测。在小数据时代，采用的是抽样，寻找的是因果，追求的是零误差。而在大数据时代，采用的是实样，寻找的是相关，追求的是概率。因此，大数据预测具有以下三个特点。

一、实样而非抽样

在小数据时代，由于缺乏数据源和获得全体样本的渠道，只能采取随机抽样的“随机调研数据”方法，不仅费时、费力、代价高，而且缺乏实时性。在大数据时代，数据源在数量和质量上都发生了巨大变化，大数据实际样本使大数据的应用具有实时性特点。所以，大数据预测采用实样而非抽样

二、相关而非因果

传统的小数据预测，习惯于传统的逻辑思维方法，不仅要知道是什么，而且要知道为什么，即要找出数据之间的因果关系。然而在大数据时代，数与数之间更多的是呈现“相关性”，即两个或两个以上变量的取值之间存在某种规律性。“相关分析”的目的，就是找出数据集里隐藏的因果关系网。所以，大数据预测侧重于相关而非因果。

三、概率而非零误差

抽样的方法，需要在具体运算上非常精确，追求零误差。但在大数据时代，快速获得一个大概的轮廓和发展趋势，甚至脉络，显得更为重要和迫切。也就是说，大数据时代的预测追求的是概率而非零误差。

第二节　大数据与计算机技术中的彩票混沌分形预测模型

彩票非结构预测模型的核心目标是在大数据时空中寻找出会被摇

奖机摇出的号码与不会被摇奖机摇出的号码之间的关系，也就是说，单变量、双变量、多变量非结构预测模型的实质和核心是在一定条件下，寻找出大数据中选号与杀号的空间形式和数量关系。“多变量”，指不同变量个数在 3 个以上。“一定条件”，指在一定景气条件下确定的单变量、双变量或多个变量克隆平台。“空间形式和数量关系”，指既满足彩票混沌特性和分形特性（遍历性、非周期性、关联性、相邻性、分数维等）的空间形式和数量关系，又满足在大数据条件下所涌现的相关而非因果的关系。所以，非结构预测模型是要在确定的某单变量、双变量或多个变量条件下寻找出选号与杀号之间的，既满足彩票混沌与分形特性又满足大数据要求的空间形式和数量关系。正因为如此，本书介绍的大数据预测模型，其数理统计的起点都放在双色球诞生的 2003 年，把数理统计的终点放在与时俱进的预测期（n 期）的倒数第 1 期（n-1 期），并无限期延长下去，以满足大数据的要求。这一理念，决定了彩票混沌预测与大数据预测相结合的非结构预测模型的主要特点和多模式设计理念。下面逐一介绍彩票混沌分形预测与大数据预测相合模型的特点、多模式、智能设计和景气条件。

一、彩票混沌分形预测与大数据预测相结合模型的主要特点

彩票混沌分形预测同大数据预测相结合时，主要有以下四个特点。

（1）模型的数据库建立在大数据之上，数据的获取不是抽样，而是实样，把双色球 2003 年开始发行作为数理统计的起点，把数理统计的终点放在与时俱进的预测期（n 期）的倒数第 1 期（n-1 期），并无限期延长下去。

（2）数据忠实于彩票混沌的历史性和实时性，既不存在遗漏，又保持了数据的连续性，根据不同的期望值，可查出任何时候、任何条

件下实实在在的数据。

(3) 以数据驱动产生的规律效应，是彩票混沌运动中的关联性、遍历性、非线性回归性、内在随机性、分数维等混沌与分形特性在大数据中涌现出来的。

(4) 彩票的中奖是由精确度和覆盖率同时决定的。在理论上，精确度和覆盖率都达到100%是中奖的充要条件，不过在彩票的混沌运动中，由于蝴蝶效应的客观存在，任何预测模型的精确度都不可能达到100%，而是趋于100%，不存在“零误差”。但在实践中，根据游戏规则，只要覆盖率达到100%，精确度小于100%，通过混沌组合仍可中奖，甚至获大奖。因此在实战中，只要抓住景气期，覆盖率达到100%，精确度在50%以上，采取全方位的综合预测，就可以通过100%的覆盖率和混沌组合中大奖。由于不存在100%的精确度，实战中的彩票预测，总是“小奖不断、中等奖多、大奖有望”。

二、彩票混沌分形预测与大数据预测相结合模型的“多模式”

彩票混沌预测与大数据预测相结合具有“多模式”的特点：主要表现在多对象、多变量和多平台三方面。

(一) 多对象

选择人才，总是要制定多个标准，例如年龄、性别、学历、职务、职称、工龄、能力等，从不同的角度、不同的侧面，有针对性地选择所需的人才。彩票预测与选择人才一样，也必须从不同的角度、不同的侧面，制定多个不同的标准，在具有可观察性、可度量性的条件下，选择多个不同的研究对象。例如彩号码、涨落高度、中奖次数和中奖个数或次数组成的分式等，均可作为不同的研究对象，从而建立多个不同的模型，从不同的角度、不同的侧面、不同的层次，选出更多的杀号。特别是在大数据系统中，更要从不同的角度选择多个不同的研究对象。

（二）多变量

大数据预测，涉及的时间长、空间大、层次多、演变快，只有采用多变量才能捕捉到更多的信息。因此，混沌预测与大数据预测相结合，除选择多个对象外，还必须选用多变量。一般在混沌预测与大数据预测相结合的模式上，时间越长，空间越大，所采用的变量越多；层次越多，演变越快，所采用的变量也越多。例如小数据预测的倒数14期重号模型、分形模型、克隆模型，只用1~2个变量，而大数据的分式动态模型可达到6个层次、9个变量。

多变量非结构预测模型具有以下要点和共性。

1. 多变量黑洞模型的要点

建立多变量黑洞模型时要注意核心变量和主变量。

（1）任何多变量模型都有一个核心变量，该变量的微小变化将导致其他变量（x、$\sum^6$、η、E、F、W、…）的较大变化，在 h 体系中，δh 为核心变量。在 x 体系中，δx 为核心变量。但 δh 不仅是 h 体系中的核心变量，也制约着 x 体系中的 x、$\sum^6$、η、E、F、W 等所有变量。因此，δh 是整个多变量模型的核心变量。然而，由于 δh 的空间变化量和变化率远比 δx 大，很不稳定，所以在实战中常用 δx 做核心变量。

（2）任何多变量黑洞模型都分主变量与次变量。主变量主宰该模型的预测功能。在不同景气条件下，参数和权重都会发生变化。次变量附属于主变量。一般把 x 体系中的变量 η_x、x_i（$i=1$、2、3、4、5、6）、h、$\sum^6 h$、K_{ih} 设为主变量。

（3）各种多变量黑洞模型的差异在于主变量的数量多少、权重大小和有无附属的次变量及次变量的数量。例如核心变量包括 Δx、δx，

主变量包括 η_x、x_i、h、$\sum^6 h$、$K_{ih}\eta_h$，次变量包括$\sum^6 x$、$\sum_{i=1}^7$、$\sum_{i=1}^6 h$，权重包括 ±1、±2、±3。

2. 多变量黑洞模型有以下四个共性

（1）各模型中的所有变量，必须在各变量特有的景气条件下才能预测，只要有一个变量不在景气条件下，便不能预测。所以这些多变量直杀预测模型都设置了各自不同的景气条件。

（2）多变量黑洞模型都存在一个核心变量 δx 或 δh，且权重取±1、±2、±3。

（3）由于彩票运动具有非线性回归性，各模式部分变量存在权重，模式不同，权重不一定相同，但权重的变化仍离不开彩票的混沌时间序列。

（4）对于涨落温度高的红球，当迭代次数多、嵌套层次深时，多变量模型还应适当增加变量。

（三）多平台

在小数据预测中，一般只建立一个平台，即以预测期的倒数第 1 期为平台，最多再通过 1 次克隆建立 2 个平台。但在大数据预测中，由于研究对象多、选用变量多、景气条件要求多，为了适应这一新的时空条件，必须多次克隆，建立多个平台，以满足大数据的要求。例如，红球单变量静态模型便建立了 $\eta x-x210$、$\eta x-x340$、$\eta x-x550$、$\eta x-x890$、$\eta x-x1440$、$\eta x-x2330$ 共 6 平台。克隆次数越多，平台越多，模式越多，杀号也越多。在彩票混沌分形预测与大数据预测相结合模型中，红球与蓝球分式模型分别建立了 25 个、16 个平台。

三、彩票混沌分形预测与大数据预测相结合模型的智能设计

彩票混沌分形预测与大数据预测相结合，必须充分应用计算机技

术，实现半智能和全智能的预测。为此，首先要在模型的理念、设计和景气条件上下功夫。

（一）模型理念

彩票混沌分形预测与大数据预测相结合模型的理念是多杀号，一般可通过6个途径杀号：①增加驱动方式，建立三类模型，即以混沌理论驱动建立混沌结构性预测模型，以分形理论驱动建立分形结构性预测模型，以数据驱动建立的混沌、分形非结构性预测模型。②选择多个研究对象，例如彩号码 x、涨落高度 h、中奖次数 N、中奖分式等，建立多种模型。③从动态和静态两个角度，建立各种动态预测模型和静态预测模型。④广泛运用克隆方法，增加不同的克隆对象，建立各种各样的克隆模型。⑤增加预测平台。变量不同，平台不同；克隆对象不同，平台不同；复制期数不同，平台不同；坐标轴不同，平台不同。⑥在混沌时间序列3、5、8、13、21、34、…、340、…、550、…、890、…、1440、…、2330、…上，多选择一些分形点，建立多个多形式、多层次的预测模型。

（二）模型的设计（在计算机帮助下完成以下设计）

模型的设计分为动态设计和静态设计，两者的主要区别是动态设计要克隆、要进行动态的多次计算机统计和计算，要根据历史上的大数据进行混沌、分形的判断和分析，要在两个以上的表中进行复制和粘贴，要在两个以上的表中进行比较和选择，而静态设计的计算机统计、计算、选择均在一个表中进行。

1. 动态设计

（1）选择多个研究对象。彩票混沌分形预测与大数据预测相结合的模型，不仅选择了小数据模型常使用的彩号码 x 为研究对象，而且选择了中奖次数 N、中奖次数构成的分式和不同分式个数 Q 为研究对象，如果把这些不同的研究对象置于一些不同的分形点、不同的周期、不同的数据库中，其构建的模型将从不同的时空、层次和轨迹中描述不同的运动，揭示出精确的选号或杀号。例如红蓝球多变量边缘模型是以彩号码 x 为研究对象，红蓝球单变量、双变量边缘模型是以中奖次数 N、中奖次数构成的分式、不同分式的个数为研究对象，但所使用的大数据平台都是中奖分式的不同分形点和数据库。

（2）建立多种不同类型的数据库。为了捕捉双色球在不同时空、不同层次、不同轨迹的运动规律，应在混沌时间序列的不同分形点上建立不同类型的数据库；为了满足大数据的要求，应在小数据模型使用的混沌时间序列（3、5、8、13、21、34、55、89…）上加大一个数量级，即…210、340、550、890、1440…。计算实验表明，蓝球建立 $\eta x-x150$、$\eta x-x210$、$\eta x-x340$、$\eta x-x550$、$\eta x-x890$、$\eta x-x1440$ 数据库，红球建立 $\eta x-x210$、$\eta x-x340$、$\eta x-x550$、$\eta x-x890$、$\eta x-x1440$、$\eta x-x2330$ 数据库，是混沌分形预测与大数据预测相结合模型的最佳选择。

（3）建立多种克隆平台。为了增加杀号，必须采用克隆的方法，选择不同的变量进行 1 次、2 次和多次克隆。例如：

$$\Delta\eta_x=0、\quad \begin{cases}\Delta\eta_x=0\\ \Delta x=0\end{cases}、\quad \begin{cases}\Delta\eta_x=0\\ \Delta\delta x=0\\ \Delta x_2=0\end{cases}$$

（4）建立 5 个笛卡尔坐标。小数据模型一般只需建立 1 个以开奖期为 Y 轴、彩号码为 X 轴的笛卡尔坐标。但对于大数据模型，只建立开奖期的笛卡尔坐标是不够的，还必须以多个待定变量和克隆对象为 Y 轴和 X 轴建立笛卡尔坐标。这样一来，数据库中往往出现 2～5 个表。例如红蓝球分式动态模型，附表1[①]在克隆前为“开奖期为Y轴、彩号码为X轴”的笛卡尔坐标，克隆后为“克隆期为Y轴、彩号码为X轴”的笛卡尔坐标；而附表2有4个分表，同时存在4个不同的笛卡尔坐标。这样一来，该模型数据库中共有5个分表：①以开奖期为Y轴，33个红球（或16个蓝球）为X轴（置于附表1）；②以克隆期为Y轴、33个红球（或16个蓝球）为X轴（置于附表1、附表2最左端）；③以倒数14个克隆期为Y轴、每期1个蓝球及其分式的分子、分母、出现次数N为X轴（置于附表2中端）；④以倒数14个克隆期和每期6个红球及其分式的分子、分母、出现次数N为Y轴（置于附表2中端）；⑤以倒数16个克隆期汇总后不同分式为Y轴、16个克隆期汇总后不同分式的分子、分母、出现次数N为X轴（红球或蓝球）（置于附表2最右端）。

（5）设计2~3个表：①表1为上述笛卡尔坐标的第1个表。首先以2003年双色球诞生以来的开奖期为Y轴，33个红球（或16个蓝球）为X轴，再以（n-1）期的η_x为标准，分别选出都等于（n-1）期η_x值的以150、210、340、550、890、1440、2330期为周期的Y轴，以33个红球（或16个蓝球）为X轴。这样建立起来的数据库，叫作红球$\eta x-x210$、$\eta x-x340$、$\eta x-x550$、$\eta x-x890$、$\eta x-x1440$、$\eta x-x2330$，蓝球$\eta x-x150$、$\eta x-x340$、$\eta x-x550$、$\eta x-x890$、$\eta x-x1440$数据库，是红蓝球动静态分式寻找选杀号的平台，也是表1克隆的平台。②表2为计算机统计、计算、预测的平台，包含4个分表，按模型要求进行识别和选杀。最左边一个分表为上述笛卡尔坐标的第2个分表（红球或蓝球）；最右边一个为上述笛卡尔坐标的第5个分表（红球或蓝球）；中间有2个分表，依次为上述笛卡尔坐标的第3（蓝

① 附表1即附表sheet1，附表2即附表sheet2，附表3即附表sheet3。为简便起见，全书统一用附表1、附表2和附表3指代。

球)、第 4 个分表（红球)。③表 3 存在于分形极值模型之中（详见后述)。

2. 静态设计

静态设计不需要克隆，只需要 1 个表。

(三) 景气及景气条件

“景气”，是一个相对而具体的概念。“相对”，就是非绝对，正如国民经济的“景气”或“不景气”，其“景气”一定指某一年或一定时期在当时现有的统计分析指标基础上，筛选出具有代表性的指标，建立一个经济指标体系，并以此建立各种指数或模型来描述宏观经济在这一年或这一时期的运行状况，并对未来的走势做出预测，因此该指标体系是宏观经济的“晴雨表”，起着监测和预警的作用。但是，因为市场繁荣和购销两旺是相对的，年代不同，市场和购销的形势不同，繁荣和旺销的程度也不同。所以，“景气”与“不景气”，必须限定在某一个年代或某一个时期。

彩票的“景气”与“不景气”，同样是个相对的概念，一般应以 1 个遍历周期为标准。也就是说，彩票的相对景气标准应以连续迭代 50~70 次为准，在这个迭代域内，其标准是相对稳定的。超过这个迭代域，有些彩票指标可能要做适当的混沌自适应预测调整。

“具体”，指景气的对象、变量、模型、精确度、上下限等。对象不同，景气条件不同；变量不同，景气条件不同；模型不同，景气条件也不同；甚至所取精确度不同，景气条件也不同。下面扼要介绍景气的标准、景气条件的特点、景气条件的判别、景气预测的步骤。

1. 景气的标准

(1) 根据彩票混沌的性质制定标准。彩票混沌运动具有遍历性，可按遍历性制定彩票注景气预测模型[①]。例如 2011 年上半年，当精确度为 0.01 时，红球的景气标准如表 5-1 所示。

表 5-1　2011 年上半年红球的景气标准

指标	景气	反转
$\sum_{i=1}^{6} x$	83 ~ 123	$70 < \sum_{i=1}^{6} x < 126$
δx	19 ~ 25	$14 < \delta x < 31$
η_x	0.09 ~ 0.21	$0.1 < \eta_x < 0.33$

（2）根据彩票的分形性质制定标准。可根据彩票的分数维 d 进行景气预测，一般满足 $0.44<d\leqslant 0.66$ 的，为景气。

（3）根据精确度制定标准。预测中所取的精确度不同，预测效果不同，标准也不同。彩票预测的精确度一般取 0.000001、0.001、0.01 和整数的个位或十位，数值越靠前，预测越精确，但选择余地越小。精确度取 0.000001 与 0.001，在非周期运动中偏差不大，所以模型中少用 0.001，一般在一定条件下，当克隆数量太大时精确度取 0.000001，当克隆数量太小时精确度取 0.01。但在所建数据库中，各变量、指数的精确度都用 0.000001，红蓝球分式动静态模型、极值模型等精确度均用 0.01（不 4 舍 5 入）。例如精确度为 0.01 的景气标准为：

红球	蓝球
$0.09\leqslant \eta_{xn-1}\leqslant 0.21$	$0.44\leqslant \eta_{xn-1}\leqslant 0.90$

（4）根据预测对象制定标准。预测对象不同，判断景气的标准也不同。例如当以彩号码为预测对象时，景气标准为 $0.09\leqslant \eta_{xn-1}\leqslant 0.21$（红球）和 $0.44\leqslant \eta_{xn-1}\leqslant 0.69$（蓝球）；当以红球涨落高度为预测对象时，景气标准为 $0.07\leqslant \eta_{hn-1}\leqslant 0.37$（红球）和 $0.06\leqslant \eta_{hn-1}\leqslant 0.25$

① 林振山. 种群动力学［M］. 北京：科学出版社，2006.

（蓝球）。

（5）根据预测模型制定标准。所有模型的预测都在上述标准下进行，但有些模型由于变量多或克隆多，还存在一些个性标准。一般小数据模型与大数据模型标准不同，变量或克隆越多，标准差异越大。例如，当精确度为0.01，彩票注的克隆在下列取值范围内时，彩票注中各彩号码的一切可能的组合形式也都会全部涌现出来①。

红球 $\eta_{xn-1}=0.09\sim0.3$、$\delta x_{n-1}=16\sim25$、$\sum_{i=1}^{6}x_{n-1}=75\sim135$

$\eta_{hn-1}=0.07\sim0.37$、$\delta h_{n-1}=3\sim13$、$\sum_{i=1}^{6}h_{n-1}=28\sim36$

$hn=9\sim13$

蓝球 $\eta_{xn-1}=0.44\sim0.69$、$h_{n-1}=14\sim34$、$\eta_{hn-1}=0.06\sim0.25$

$\sum_{i=1}^{13}h_{n-1}=146\sim320$、$\delta h_{n-1}=29\sim70$

$\sum_{i=1}^{13}x_{n-1}=100\sim138$、$\delta x_{n-1}=11\sim15$、$\delta h_{n-1}=0.35\sim2.9$

$hn=13\sim22$

2. 景气条件的特点

（1）不同的变量有不同的景气条件，不同的模型也有不同的景气标准，例如蓝球的分形模型，只要求 $h\leqslant14$；红球的 η_x 直杀模型，要求 $\eta_{xn-1}=0.09\sim0.21$。

（2）模型中变量越多，层次越多，景气条件越多。例如红球的动态分式边缘模型具有以下6个层次、9个变量。

6个层次：开奖（x）→克隆（Δ）→复制粘贴（$M=16$）→

中奖次数（N）→中奖分式$\left(\frac{N_{m-1}}{N_m}\right)$→分式个数（$Q$）

9个变量：x、N、$\frac{N_{m-1}}{N_m}$、Q、η_x、∂_x、M、x_1、x_2

① 详见《彩票大揭秘——彩票的混沌与分形》第4章。

由于是多层次、多变量模型，景气条件就不再是1个，而是多个了。例如红球的动态分式边缘模型的景气条件为：① $h_{n-1} \leqslant 14$；② $0.45 \leqslant \eta_{xn-1} \leqslant 0.69$；③ $0.09 \leqslant \eta_{hn-1} \leqslant 0.14$、$0.04 \leqslant \eta_{hn-1} \leqslant 0.06$；④ $Q \geqslant 4$；⑤ $G_x \neq 0$；⑥ $x_n \neq x_{n-1}$；⑦ $M \geqslant 16$。

3. 景气条件的判别

虽然不同的模型有不同的景气标准，但一般而言，景气条件的判别可从以下6个方面入手：

（1）η_x、δx、$\sum_{n-1}^{6} x$、η_h、δh、$\overline{\sum_{n-1}^{6} h}$ 值的大小。

（2）能否对 η_x 或 δx、x_1 进行克隆。

（3）是否满足各种模式克隆期数 m 的下限要求。

（4）是否满足各预测模型对克隆期复制数的要求，例如 $M \geqslant 16$、23、30、43、…。

（5）红球与蓝球是否同步景气。

（6）是否满足时间噪声、大数据噪声的大小要求。

4. 景气预测的步骤

第一步，查红球或蓝球指数表，找出预测期（n期）倒数第1期（n-1期）符合该模型景气条件要求的各变量。

第二步，根据该模型景气条件标准，对照查出的预测期（n期）倒数第1期（n-1期）各变量，如果全满足，则为景气；如果有任意一个变量不满足，则为不景气。

第三节　大数据与计算机技术中的5个基本预测模型

大数据与计算机技术中的混沌分形模型，主要分为以彩票混沌大数据为驱动的红球、蓝球动静态分式模型和以分形大数据为驱动的红球、蓝球分形极值模型两大类。从实战出发，本书只介绍以彩票混沌大数据为驱动的10个红球、蓝球动静态分式预测模型及其36种模式，其中蓝球静态分式模型1个（5个模式）、动态分式模型2个（6个模式），红球静态分式模型1个（4个模式）、动态分式模型6个（21个模式）。这10个预测模型中，基本预测模型有5个（红球单变量、双变量、多变量动态分式边缘模型和蓝球单变量、双变量动态分式模型），这5个模型（16个模式）不仅是预测方案中的红球、蓝球基本预测模型，而且是彩票混沌与分形预测的主力军，往往起到一锤定音的作用，应重点掌握并熟练应用。其余模型均为方案预测模型（详见第六章）。以分形大数据为驱动的红球、蓝球分形极值模型，也是彩票混沌与分形预测的基本预测模型，但由于操作极为复杂，技术要求高，预测时间长，非系统噪声、时间噪声和大数据噪声大，景气条件十分苛刻，因此只介绍了建模的理念、方法，余下的工作留给感兴趣的或研究型的读者。

一、动、静态分式预测模型

分式边缘预测模型（以下简称分式模型），是一个多变量模型，是大数据预测与混沌、分形预测相结合的模型。"分式"，指以某彩球在倒数 m 期中中奖的次数 N 及其相邻两期次数所组成的分式，可作为研究、统计、预测对象。例如$\frac{N_{n-2}}{N_{n-1}}$、$\frac{N_{n-3}}{N_{n-2}}$、$\frac{N_{n-4}}{N_{n-3}}$、$\frac{N_{n-5}}{N_{n-4}}$、…、$\frac{N_{m-1}}{N_m}$。该分式最大的一个特点是，无论是红球还是蓝球，x 都与分式存在对应关系，但不一定是一一对应的关系，更多的是同一个分式对应多个彩球。所以可以通过对分式进行预测，判定一至多个红球或蓝球是否会被摇奖机摇出来。"静态分式"，指不克隆的分式预测模型，也称静态分式预测模型；克隆的分式预测模型，也称动态分式预测模型。为了加深理解，再扼要介绍一下该模型建立的要素、动态设计和数据库等个性特征。“边缘”是“混沌边缘”的简称，也是混沌理论中的一个重要概念，详细论述见《彩票大揭秘——彩票的混沌与分形》一书和本书第六章。

（一）分式预测模型的要素

分式预测模型，就是为了增加杀号所建立的以数据驱动的，动态、多变量、大数据智能预测模型。其具有以下 6 个要素。

（1）以彩球在倒数 m 期的中奖次数 N（简称次数）为研究对象。

（2）以任意相邻两期中奖次数 N_{n-m}、N_{n-m+1} 所组成的分式 $\frac{N_{n-m}}{N_{n-m+1}}$ 为统计对象。

（3）每一个分式都与某个或某几个中奖彩球产生对应的关系。

（4）从动态的角度，选择和值指数 η_x、x 为核心变量，以极差 δx、彩号码 x_1、x_2 为主变量，建立克隆预测平台。

（5）在混沌时间序列 150、210、340、550、890、1440、2330 上建立多种模式。

（6）选用 η_x、δx、N、$N_{总}$、$\frac{N_{n-m}}{N_{n-m+1}}$、$Q$、$N_{n-m+1}$、$N_{n-m}$、$x_i$ 这 9 个变量。

（二）动态设计（在计算机帮助下，完成以下设计）

（1）在克隆 $\begin{cases}\Delta\eta_x = 0\\ M = 16\end{cases}$ 后，对预测期的倒数 16 期建立 x_i 与 N、$N_{总}$、N_{n-m+1}、N_{n-m}、Q 之间对应的平台（i=1、2、3、…、6）。

（2）在克隆 $\begin{cases}\Delta\eta_x = 0\\ \Delta\delta x = 0\\ M = 16\end{cases}$ 后，对预测期的倒数 16 期建立 x_i 与 $N_{总}$、

N_{n-m+1}、N_{n-m}、Q 之间对应的平台（$i=1$、2、3、…、6）。

（3）在克隆$\begin{cases}\Delta\eta_x=0\\ \Delta\delta x=0\\ \Delta x_i=0\end{cases}$后，对预测期的倒数 5 期（蓝球）、3 期（红球）建立 x_i 与 η_x、δx、M 之间对应的平台（$i=3$、6）。

（4）在克隆$\begin{cases}\Delta\delta x=0\\ \Delta x_i=0\\ M=16\end{cases}$后，对预测期的倒数 16 期建立 x_i 与 $N_{总}$、N_{n-m+1}、N_{n-m}、Q 之间对应的平台（$i=1$、2、3、…、6）。

（5）设计两个表。表 1 首先以 2003 年双色球诞生以来的开奖期为 Y 轴，33 个红球（或 16 个蓝球）为 X 轴，建立一个原始表，再以前面所介绍的克隆方法建立红球 $\eta x-x210$、$\eta x-x340$、$\eta x-x550$、$\eta x-x890$、$\eta x-x1440$、$\eta x-x2330$，蓝球 $\eta x-x150$、$\eta x-x210$、$\eta x-x340$、$\eta x-x550$、$\eta x-x890$、$\eta x-x1440$ 数据库。本表既是红球、蓝球动静态分式预测模型寻找选（杀）号的平台，也是克隆表 2 的平台。

表 2 为计算机统计、计算的平台，按红球、蓝球分别设计。

红球包含 3 个分表：最左边 1 个分表为 16 个克隆期中，每期 33 个红球在该期出现的次数及其构成的分式；最右边 1 个分表汇总 16 个克隆期中，各种不同分式的分子、分母、次数和同种分式的个数；中间 1 个分表为红球在克隆期倒数 14 期内，每期 6 个中奖红球及其所对应的 6 个分式的分子、分母、次数。

蓝球包含 3 个分表：最左边 1 个分表为 16 个克隆期中，每期 16 个蓝球在该期出现的次数及其构成的分式；最右边 1 个分表汇总 16 个克隆期中，各种不同分式的分子、分母、次数和同种分式的个数；中间 1 个分表为蓝球在克隆期倒数 14 期内，每期 1 个中奖蓝球及其所对应 1 个分式的分子、分母、次数。

下面按红球与蓝球分别介绍动、静态分式预测模型。

（三）蓝球分式预测模型

1. 蓝球静态分式预测模型

蓝球静态分式预测模型的公式如下：

$$\eta x-x150\rightarrow 杀\frac{N_{n-2}}{N_{n-1}}=\frac{\geq 3}{0}、\frac{\geq 2}{1}、\frac{\geq 3}{2}、\frac{\geq 4}{3}、\cdots、\frac{0}{\geq 3} \tag{5-1}$$

$$\eta x-x210\rightarrow 杀\frac{N_{n-2}}{N_{n-1}}=\frac{\geq 2}{0}、\frac{0}{\geq 3}、\frac{2}{2} \tag{5-2}$$

$$\eta x-x340\rightarrow 杀\frac{N_{n-2}}{N_{n-1}}=\frac{\geq 4}{0}、\frac{0}{\geq 2}、\frac{\geq 3}{1}、\frac{\geq 3}{2}、\frac{\geq 4}{3}、\frac{0}{\geq 4} \tag{5-3}$$

$$\eta x-x550\rightarrow 杀\frac{N_{n-2}}{N_{n-1}}=\frac{\geq 3}{0}、\frac{\geq 6}{1}、\frac{\geq 5}{2}、\frac{0}{\geq 3} \tag{5-4}$$

$$\eta x-x890\rightarrow 杀\frac{N_{n-2}}{N_{n-1}}=\frac{\geq 3}{0}、\frac{\geq 4}{1}、\frac{\geq 7}{2}、\frac{\geq 4}{3}、\frac{0}{\geq 6} \tag{5-5}$$

其中：n 指预测期；（$n-1$）指预测期的倒数第 1 期；（$n-2$）指预测期的倒数第 2 期；η_{xn-1} 指倒数第 1 期和值指数；$\eta x-x$ 指和值指数 η_x 随自变量 x 变化的走势；$\eta x-x150$ 指每期对 η_{xn-1}（10^{-2}）的克隆统计周期为 150 期；$\eta x-x210$ 指每期对 η_{xn-1}（10^{-2}）的克隆统计周期为 210 期；$\eta x-x340$ 指每期对 η_{xn-1}（10^{-2}）的克隆统计周期为 340 期；$\eta x-x550$ 指每期对 η_{xn-1}（10^{-2}）的克隆统计周期为 550 期；$\eta x-x890$ 指每期对 η_{xn-1}（10^{-2}）的克隆统计周期为 890 期；N_{n-2} 指倒数第 2 期时某中奖号在该倒数期中出现的总次数（在倒数 150、210、340、…期统计中）；N_{n-1} 指倒数第 1 期时某中奖号在该倒数期中出现的总次数（在倒数 150、210、340、…期统计中）；$\frac{N_{n-2}}{N_{n-1}}$指倒数 2 期总次数与倒数 1 期总次数之比，即$\frac{0}{0}$、$\frac{0}{1}$、$\frac{1}{0}$、$\frac{1}{1}$、$\frac{2}{1}$、$\frac{3}{1}$、…、$\frac{1}{2}$、$\frac{2}{2}$、$\frac{3}{2}$、

$\frac{4}{2}$、…$\frac{2}{3}$、$\frac{3}{3}$、$\frac{4}{3}$、$\frac{5}{3}$、…、$\frac{3}{4}$、$\frac{4}{4}$、$\frac{5}{4}$、$\frac{6}{4}$、…$\frac{4}{5}$、$\frac{5}{5}$、$\frac{6}{5}$、…。

（1）蓝球 $\eta x-x150$ 静态分式预测模型的公式为：

$$\begin{cases}杀\rightarrow\frac{N_{n-2}}{N_{n-1}}=\frac{\geq 3}{0}、\frac{\geq 2}{1}、\frac{\geq 3}{2}、\frac{\geq 4}{3}、\cdots、\frac{0}{\geq 3}\\ 杀号数 1\sim4 个\end{cases}$$

公式的彩票意义为：当蓝球预测期（n 期）的倒数第 1 期（n-1 期）的分式$\frac{N_{n-2}}{N_{n-1}}$等于$\frac{\geq 3}{0}$、$\frac{\geq 2}{1}$、$\frac{\geq 3}{2}$、$\frac{\geq 4}{3}$、…、$\frac{0}{\geq 3}$时，其各分式对应的所有蓝球，就是可能不会被摇奖机摇出的蓝球。

景气条件为：$h_{n-1}\leq 14$。

操作步骤为：第一步，从蓝球 $\eta x-x150$ 数据库中查出第（n-1）期蓝球的 η_x；第二步，查第（n-1）期 16 个蓝球中出现次数为 $N=\frac{N_{n-2}}{N_{n-1}}=\frac{\geq 3}{0}$、$\frac{\geq 2}{1}$、$\frac{\geq 3}{2}$、$\frac{\geq 4}{3}$、…、$\frac{0}{\geq 3}$的所有蓝球的 x_n，即为可能会被摇奖机摇出的蓝球；第三步，同项合并各预测蓝球 x_n，即为所求。

模型特点：①不计算、查 1 个表；②操作简单；③杀号 1~4 个；④与季节有关；⑤全智能数据库。

全智能数据库设计：①1 个表；②静态（不克隆）；③选杀对象分式$=\frac{N_{n-2}}{N_{n-1}}$。

（2）蓝球 $\eta x-x210$ 静态分式预测模型的公式为：

$$\begin{cases}杀\rightarrow N=\frac{N_{n-2}}{N_{n-1}}=\frac{\geq 2}{0}、\frac{0}{\geq 3}、\frac{2}{2}\\ 杀号数 1\sim5 个\end{cases}$$

公式的彩票意义为：当蓝球预测期（n 期）的倒数第 1 期（n-1

期）的分式$\frac{N_{n-2}}{N_{n-1}}=\frac{\geqslant 2}{0}$、$\frac{0}{\geqslant 3}$、$\frac{2}{2}$时，其各分式对应的所有蓝球，就是可能不会被摇奖机摇出的蓝球。

景气条件为：$h_{n-1}\leqslant 14$。

操作步骤为：第一步，从蓝球 $\eta x-x150$ 数据库中查出第（n-1）期蓝球的 η_x；第二步，查第（n-1）期 16 个蓝球中出现次数为 $N=\frac{N_{n-2}}{N_{n-1}}=\frac{\geqslant 2}{0}$、$\frac{0}{\geqslant 3}$、$\frac{2}{2}$的所有蓝球 x_n，即为可能会被摇奖机摇出的蓝球；第三步，同项合并各预测蓝球 x_n，即为所求。

模型特点：①不计算，只需查 1 个表；②操作简单；③杀号 1~5 个；④与季节有关；⑤全智能数据库。

全智能数据库设计：①1 个表；②静态（不克隆）；③选杀对象分式$=\frac{N_{n-2}}{N_{n-1}}$。

（3）蓝球 $\eta x-x340$ 静态分式预测模型的公式为：

$$\begin{cases}杀\rightarrow N=\frac{N_{n-2}}{N_{n-1}}=\frac{\geqslant 4}{0}、\frac{0}{\geqslant 2}、\frac{\geqslant 3}{1}、\frac{\geqslant 3}{2}、\frac{\geqslant 4}{3}、\frac{0}{\geqslant 4}\\ \text{杀号数 1~6 个}\end{cases}$$

公式的彩票意义为：当蓝球预测期（n 期）的倒数第 1 期（n-1 期）的分式$\frac{N_{n-2}}{N_{n-1}}=\frac{\geqslant 4}{0}$、$\frac{0}{\geqslant 2}$、$\frac{\geqslant 3}{1}$、$\frac{\geqslant 3}{2}$、$\frac{\geqslant 4}{3}$、$\frac{0}{\geqslant 4}$时，其各分式对应的所有蓝球，就是可能不会被摇奖机摇出的蓝球。

景气条件为：$h_{n-1}\leqslant 14$。

操作步骤为：第一步，从蓝球 $\eta x-x340$ 数据库中查出第（n-1）期蓝球的 η_x；第二步，查第（n-1）期 16 个蓝球中出现次数 $N=\frac{N_{n-2}}{N_{n-1}}=\frac{\geqslant 4}{0}$、$\frac{1}{1}$、$\frac{0}{\geqslant 2}$、$\frac{\geqslant 2}{1}$、$\frac{\geqslant 3}{2}$、$\frac{\geqslant 4}{3}$、$\frac{0}{\geqslant 4}$的所有蓝球 x_n；第三步，

同项合并各预测蓝球 x_n，即为所求。

模型特点：①不计算，只需查 1 个表；②操作简单；③杀号 1~6 个；④与季节有关；⑤全智能数据库。

（4）蓝球 $\eta x-x550$ 静态分式预测模型的公式为：

$$\begin{cases} 杀 \rightarrow N=\dfrac{N_{n-2}}{N_{n-1}}=\dfrac{\geqslant 3}{0}、\dfrac{\geqslant 6}{1}、\dfrac{\geqslant 5}{2}、\dfrac{0}{\geqslant 3} \\ \text{杀号数 } 1\sim 4 \text{ 个} \end{cases}$$

公式的彩票意义为：当蓝球预测期（n 期）的倒数第 1 期（n-1 期）的分式$\dfrac{N_{n-2}}{N_{n-1}}=\dfrac{\geqslant 3}{0}、\dfrac{\geqslant 6}{1}、\dfrac{\geqslant 5}{2}、\dfrac{0}{\geqslant 3}$时，其各分式对应的所有蓝球，就是可能不会被摇奖机摇出的蓝球。

景气条件为：$h_{n-1}\leqslant 14$。

操作步骤为：第一步，从蓝球 $\eta x-x550$ 数据库中查出第 1 期（n-1 期）蓝球的 η_x；第二步，查第（n-1）期 16 个蓝球中出现次数 $N=\dfrac{N_{n-2}}{N_{n-1}}=\dfrac{\geqslant 3}{0}、\dfrac{1}{1}、\dfrac{\geqslant 6}{1}、\dfrac{\geqslant 5}{2}、\dfrac{0}{\geqslant 3}$的所有蓝球 x_n；第三步，同项合并各预测蓝球 x_n，即为所求。

模型特点：①不计算，只需查 1 个表；②操作简单；③杀号 1~4 个；④与季节有关；⑤全智能数据库。

（5）蓝球 $\eta x-x890$ 静态分式预测模型的公式为：

$$\begin{cases} 杀 \rightarrow N=\dfrac{N_{n-2}}{N_{n-1}}=\dfrac{\geqslant 3}{0}、\dfrac{\geqslant 4}{1}、\dfrac{\geqslant 7}{2}、\dfrac{\geqslant 4}{3}、\dfrac{0}{\geqslant 6} \\ \text{杀号个数 } 1\sim 4 \text{ 个} \end{cases}$$

公式的彩票意义为：当蓝球预测期（n 期）的倒数第 1 期（n-1 期）的分式$\dfrac{N_{n-2}}{N_{n-1}}=\dfrac{\geqslant 3}{0}、\dfrac{\geqslant 4}{1}、\dfrac{\geqslant 7}{2}、\dfrac{\geqslant 4}{3}、\dfrac{0}{\geqslant 6}$时，其各分式对应的所有

蓝球，就是可能不会被摇奖机摇出的蓝球。

景气条件为：$h_{n-1} \leqslant 14$。

操作步骤为：第一步，从蓝球 $\eta x-x890$ 数据库中查出第（n-1）期蓝球的 η_x；第二步，查第（n-1）期 16 个蓝球中出现次数 $N=\frac{N_{n-2}}{N_{n-1}}=\frac{\geqslant 3}{0}$、$\frac{1}{1}$、$\frac{\geqslant 4}{1}$、$\frac{\geqslant 7}{2}$、$\frac{\geqslant 4}{3}$、$\frac{0}{\geqslant 6}$的所有蓝球 x_n；第三步，同项合并各预测蓝球 x_n，即为所求。

模型特点：①不计算，只需查 1 个表；②操作简单；③杀号 1~4 个；④与季节有关；⑤全智能数据库。

例题 8　试用蓝球静态分式预测模型预测 2021006~2021010 期连续 5 期的蓝球。

解：蓝球静态分式预测模型有 $\eta x-x150$、$\eta x-x210$、$\eta x-x340$、$\eta x-x550$、$\eta x-x890$ 共 5 个预测模型，现分别预测如下。

［1］蓝球 $\eta x-x150$ 静态分式预测模型

首先查 $\eta x-x150$ 数据库，需对 2021006~2021010 期共 5 期进行逐期预测，为把次数转化为分式，应以 2021004 期起步，即要预测 2021006 期，应查 2021004 和 2021005 期出现的次数 N_{n-2} 和 N_{n-1}（见表 5-2）；要预测 2021007 期，应查 2021005 和 2021006 期出现的次数 N_{n-2} 和 N_{n-1}；以此类推。

2021006 期

表 5-2　2021004~2021005 期蓝球出现的次数

蓝球	1	2	3	4	5	6	7	8	9	10	11	12	13	14	15	16
开奖期	出现次数															
2021004	0	1	1	1	1	0	1	1	1	0	1	1	0	0	0	2
2021005	1	2	1	0	0	2	1	0	0	0	1	0	1	0	1	1

可见，16 个蓝球从小到大排列，其相对应的分式依次为：

$$\frac{N_{n-2}}{N_{n-1}}=\frac{0}{1}、\frac{1}{2}、\frac{1}{1}、\frac{1}{0}、\frac{1}{0}、\frac{0}{2}、\frac{1}{1}、\frac{1}{0}、\frac{1}{0}、\frac{0}{0}、$$

$$\frac{1}{1}、\frac{1}{0}、\frac{0}{1}、\frac{0}{0}、\frac{0}{1}、\frac{2}{1}$$

显然，根据蓝球 $\eta x-x150$ 静态分式预测模型的杀号公式：

$$\eta x-x150\rightarrow 杀\frac{N_{n-2}}{N_{n-1}}=\frac{\geqslant 3}{0}、\frac{\geqslant 2}{1}、\frac{\geqslant 3}{2}、\frac{\geqslant 4}{3}、\cdots、\frac{0}{\geqslant 3}$$

上述 16 个分式中只有$\frac{\geqslant 2}{1}$符合要求，查得分式$\frac{\geqslant 2}{1}$相对应的蓝球为 16，可能不会被摇奖机摇出。

2021007 期

由表 5-3 可见，16 个蓝球从小到大排列，其相对应的分式依次为：

表 5-3　2021005~2021006 期蓝球出现的次数

蓝球	1	2	3	4	5	6	7	8	9	10	11	12	13	14	15	16
开奖期	出现次数															
2021005	1	2	1	0	0	2	1	0	0	0	1	0	1	0	1	1
2021006	1	0	0	1	1	0	1	1	0	1	0	1	1	1	0	0

$$\frac{N_{n-2}}{N_{n-1}}=\frac{2}{1}、\frac{2}{0}、\frac{1}{0}、\frac{0}{1}、\frac{0}{1}、\frac{2}{0}、\frac{1}{1}、\frac{0}{1}、\frac{0}{0}、$$

$$\frac{0}{1}、\frac{1}{0}、\frac{0}{1}、\frac{1}{1}、\frac{0}{1}、\frac{1}{0}、\frac{1}{0}$$

显然，根据蓝球 $\eta x-x150$ 静态分式预测模型的杀号公式：

$$\eta x-x150\rightarrow 杀\frac{N_{n-2}}{N_{n-1}}=\frac{\geqslant 3}{0}、\frac{\geqslant 2}{1}、\frac{\geqslant 3}{2}、\frac{\geqslant 4}{3}、\cdots、\frac{0}{\geqslant 3}$$

可见上述 16 个分式中没有一个分式符合要求。

由表 5-4 至表 5-6 可见，下列 3 期 16 个分式中没有一个分式符合$\frac{\geqslant 2}{1}$的要求，故 2021006～2021010 期这 5 期中只有 2021006 期的杀号为 16。

2021008 期

表 5-4　2021006～2021007 期蓝球出现的次数

蓝球	1	2	3	4	5	6	7	8	9	10	11	12	13	14	15	16
开奖期	出现次数															
2021006	1	0	0	1	1	0	1	1	0	1	0	1	1	1	0	0
2021007	2	2	1	0	0	2	1	0	0	0	1	0	1	0	1	1

2021009 期

表 5-5　2021007～2021008 期蓝球出现的次数

蓝球	1	2	3	4	5	6	7	8	9	10	11	12	13	14	15	16
开奖期	出现次数															
2021007	2	2	1	0	0	2	2	0	0	0	1	0	1	0	1	1
2021008	0	0	1	1	0	0	0	0	0	0	0	0	0	0	0	0

20210010 期

表 5-6　2021008～2021009 期蓝球出现的次数

蓝球	1	2	3	4	5	6	7	8	9	10	11	12	13	14	15	16
开奖期	出现次数															
2021008	0	0	1	1	0	0	0	0	0	0	0	0	0	0	0	0
2021009	2	2	1	0	0	2	2	0	0	0	1	0	1	0	1	1

显然，根据蓝球 $\eta x-x150$ 静态分式预测模型的杀号公式：

$$\eta x-x150 \rightarrow 杀\frac{N_{n-2}}{N_{n-1}}=\frac{\geqslant 3}{0}、\frac{\geqslant 2}{1}、\frac{\geqslant 3}{2}、\frac{\geqslant 4}{3}、\cdots、\frac{0}{\geqslant 3}$$

用同样的方法可预测 $\eta x-x210$、$\eta x-x340$、$\eta x-x550$、$\eta x-x890$ 模型下的 2021008~2021010 期，只是所选 $\eta x-x$ 数据库不同，具体见表 5-7 至表 5-10.

[2] $\eta x-x210$ 模型

表 5-7　2021006 期、2021007 期、2021009 期的蓝球杀号

开奖期	杀号的分式	蓝球杀号	开奖期	杀号的分式	蓝球杀号
2021006	$\frac{\geqslant 3}{0}$	4　5	2021007	$\frac{\geqslant 3}{0}$	2　6　11
2021009	$\frac{\geqslant 3}{0}$	1 2 6 7 11			

[3] $\eta x-x340$ 模型

表 5-8　2021006 期、2021008 期、2021009 期、2021010 期的蓝球杀号

开奖期	杀号的分式	蓝球杀号	开奖期	杀号的分式	蓝球杀号
2021006	$\frac{0}{\geqslant 2}$	15	2021008	$\frac{0}{\geqslant 2}$	3　6　11　15
2021009	$\frac{0}{\geqslant 2}$	9	2021010	$\frac{0}{\geqslant 2}$	6　7

[4] $\eta x-x550$ 模型

表 5-9　2021006 期、2021009 期、2021010 期的蓝球杀号

开奖期	杀号的分式	蓝球杀号	开奖期	杀号的分式	蓝球杀号
2021006	$\frac{\geqslant 3}{0}$	4	2021010	$\frac{0}{\geqslant 3}$	2
2021009	$\frac{\geqslant 3}{0}$	2			

[5] $\eta x-x890$ 模型

表 5-10　2021006 期、2021007 期、2021009 期、2021010 期的蓝球杀号

开奖期	杀号的分式	蓝球杀号	开奖期	杀号的分式	蓝球杀号
2021006	$\frac{\geqslant 4}{1}$	12	2021009	$\frac{\geqslant 4}{1}$、$\frac{\geqslant 6}{1}$	15　2
2021007	$\frac{\geqslant 3}{0}$、$\frac{\geqslant 6}{1}$	11　2	2021010	$\frac{0}{\geqslant 2}$	6　7

同项合并各模型的杀号为：2021006 期→杀→4、5、12、16；2021007 期→杀→2、6、11；2021008 期→杀→3、6、11、15；2021009 期→杀→1、2、6、7、9、11、15；2021010 期→杀→2、6、7。

查得 2021006~2021010 期中奖蓝球分别为 1、16、7、13、5，预测准确。

2. 蓝球动态分式预测模型

蓝球动态分式边缘预测模型简称蓝球动态分式预测模型。该模型按克隆变量的不同，分为蓝球单变量动态分式预测模型和蓝球双变量动态分式预测模型。

（1）蓝球单变量动态分式预测模型。该模型有 $\eta x-x210$、$\eta x-x340$、$\eta x-x550$、$\eta x-x890$、$\eta x-x1440$ 共 5 种模式，应按以下两种状况分别进行预测。

第一种：$N=0$。在 $\eta x-x210$、$\eta x-x340$、$\eta x-x550$、$\eta x-x890$、$\eta x-x1440$ 共 5 种模式中，因研究对象、杀号公式相同，预测结果具有相似性。但随着分形点不断增大（210、340、550 …），杀号呈现“少→最多→渐少”和“不稳定→稳定”的演化现象。其中 $\eta x-x340$ 模式是杀号最多、精确度最高（95%以上）、稳定性最强的模式，因此当 $N=0$ 时，只需对 $\eta x-x340$ 模式进行预测。

第二种：$N_{总}\neq 0$。在 $\eta x-x210$、$\eta x-x340$、$\eta x-x550$、$\eta x-x890$、$\eta x-x1440$ 共 5 种模式中，因研究对象不尽相同、杀号公式不相同，预测结果不相同。所以，当 $N_{总}\neq 0$ 时，必须对 $\eta x-x210$、$\eta x-x340$、$\eta x-x550$、$\eta x-x890$、$\eta x-x1440$ 共 5 种模式分别进行预测。

1）$\eta x-x210$ 模型的公式为

$$\begin{cases}\Delta\eta_x=0\\ M=16\end{cases}\rightarrow\begin{cases}N=0\rightarrow 杀x_n\\ N_{总}\neq 0\rightarrow\begin{cases}分式为\dfrac{9}{1}\rightarrow 杀\begin{cases}N_{总}\leqslant 4\\ x_n\end{cases}\\ 分式为\dfrac{N_{m-1}}{3}\rightarrow 杀\begin{cases}N_{总}=1\\ x_n\end{cases}\\ 分式为\dfrac{N_{m-1}}{N_m\geqslant 4}\rightarrow 杀\begin{cases}N_{总}=1\\ x_n\end{cases}\end{cases}\end{cases}\tag{5-6}$$

2）$\eta x-x340$ 模型的公式为：

$$\begin{cases}\Delta\eta_x=0\\ M=16\end{cases}\rightarrow\begin{cases}N=0\rightarrow 杀x_n\\ N_{总}\neq 0\rightarrow\begin{cases}分式为\dfrac{0}{1}\rightarrow 杀\begin{cases}N_{总}\leqslant 4\\ x_n\end{cases}\\ 分式为\dfrac{N_{m-1}}{N_m\geqslant 4}\rightarrow 杀\begin{cases}N_{总}=1\\ x_n\end{cases}\end{cases}\end{cases}\tag{5-7}$$

3）$\eta x-x550$ 模型的公式为：

$$\begin{cases}\Delta\eta_x=0\\ M=16\end{cases}\rightarrow\begin{cases}N=0\rightarrow 杀x_n\\ N_{总}\neq 0\rightarrow\begin{cases}分式为\dfrac{0}{1}\rightarrow 杀\begin{cases}N_{总}=1\\ x_n\end{cases}\\ 分式为\dfrac{N_{m-1}}{N_m\geqslant 3}\rightarrow 杀\begin{cases}N_{总}=1\\ x_n\end{cases}\end{cases}\end{cases}\tag{5-8}$$

4） $\eta x-x890$ 模型的公式为：

$$\begin{cases}\Delta\eta_x=0\\ M=16\end{cases}\rightarrow\begin{cases}N=0\rightarrow\text{杀}x_n\\ N_{\text{总}}\neq0\rightarrow\begin{cases}\text{分式为}\dfrac{0}{1}\rightarrow\text{杀}\begin{cases}N_{\text{总}}=1\\ x_n\end{cases}\\ \text{分式为}\dfrac{N_{m-1}}{N_m\geqslant4}\rightarrow\text{杀}\begin{cases}N_{\text{总}}=1\\ x_n\end{cases}\end{cases}\end{cases}\tag{5-9}$$

5） $\eta x-x1440$ 模型的公式为：

$$\begin{cases}\Delta\eta_x=0\\ M=16\end{cases}\rightarrow\begin{cases}N=0\rightarrow\text{杀}x_n\\ N_{\text{总}}\neq0\rightarrow\begin{cases}\text{分式为}\dfrac{0}{1}\rightarrow\text{杀}\begin{cases}N_{\text{总}}=1\\ x_n\end{cases}\\ \text{分式为}\dfrac{N_{m-1}}{N_m\geqslant4}\rightarrow\text{杀}\begin{cases}N_{\text{总}}=1\\ x_n\end{cases}\end{cases}\end{cases}\tag{5-10}$$

其中：N 指克隆的倒数 14 期某期的某彩球出现的次数；$N_{\text{总}}$ 指克隆的倒数 16 期各不同分式出现的总次数；N_m 指克隆后第 m 期某彩球出现的次数（分式的分母）；N_{m-1} 指克隆后第（$m-1$）期某彩球出现的次数（分式的分子）；$\dfrac{N_{m-1}}{N_m}$ 指克隆轴上的分式；M 指复制、粘贴期数；m 指克隆期数。

公式的彩票意义为：对蓝球预测期（n 期）的倒数第 1 期（n−1 期）的和值指数 η_x 进行克隆，在对克隆期取倒数 16 期的平台上会出现两种情况：

第一，在蓝球克隆期的倒数 14 期中，凡 $N\neq0$ 所对应的所有蓝球，就是可能会被摇奖机摇出的蓝球；凡 $N=0$ 所对应的所有蓝球，就是可能不会被摇奖机摇出的蓝球。

第二，在蓝球克隆期的倒数16期中，汇总后的某分式$\frac{N_{m-1}}{N_m}$的总次数不等于零（$N_{总} \neq 0$），那么当该分式等于各相应模型的临界条件时，其对应的所有蓝球都是可能不会被摇奖机摇出的蓝球。

景气条件为①$h_{n-1} \leq 14$；②$0.45 \leq \eta_{xn-1} \leq 0.69$；③$0.09 \leq \eta_{hn-1} \leq 0.14$、$0.04 \leq \eta_{hn-1} \leq 0.06$；④$Q=6$；⑤$G_x \neq 0$；⑥$x_n \neq x_{n-1}$；⑦$m \geq 16$。

其中，m指克隆期数，Q指倒数16期汇总后不同分式个数。

操作步骤（以$\eta x-x340$模型为例）：第一步，从蓝球$\eta x-x340$数据库中查出附表1第（n−1）期蓝球的η_x，并进行克隆。

第二步，对附表1克隆期取倒数16期并复制到附表2的“序2”上，从附表2右端2个分表中可分别查出N、$N_{总}$及其分式中的分子、分母。

第三步，分以下两种情况进行杀号：①凡$N \neq 0$所对应的所有蓝球，就是可能会被摇奖机摇出的蓝球，凡$N=0$所对应的所有蓝球，就是可能不会被摇奖机摇出的蓝球；②当$N_{总} \neq 0$时，按式（5−7）在附表1中找出所有杀号。

第四步，同项合并①与②的杀号，即为可能不会被摇奖机摇出的蓝球。

计算机操作：调出蓝球$\eta x-x340$模型数据库→单击鼠标左键选中附表1中（n−1）期克隆对象（η_{xn-1}）→按右键→“筛选”→“按所选单元格的值筛选”→按左键→克隆表→复制（按左键）附表1中$m=16$→粘贴到附表2“序2”上→按左键向右移至附表2最右端→按公式选出分式→查附表1（按左键）在倒数16期中找出该分式所对应的所有蓝球，即为所求。

需要注意：①蓝球数据库$\eta x-x210$、$\eta x-x340$、$\eta x-x550$、…中，只有$\eta x-x340$的附表1多设置了一项“涨落高度”（置于表的最右

边），当复制附表1中 $m=16$ 时，千万不能把“涨落高度”及其右侧各变量复制并粘贴到附表2“序2”上。否则，附表2的自动计算功能会失调。②在蓝球各单变量、双变量数据库 $\eta x-x210$、$\eta x-x340$、$\eta x-x550$、…中进行计算机操作，其程序完全相同，只是克隆变量和个数不同。

模型特点：①不计算，只要查2个表；②操作简单；③杀号7~13个；④与季节有关，景气条件要求高；⑤全智能数据库。

全智能数据库设计：①1个表；②动态（克隆1个变量）；③选杀对象为克隆后的分式 $=\dfrac{N_{m-1}}{N_m}$。

（2）蓝球 $\eta x-x340$ 双变量动态分式边缘预测模型（简称蓝球双变量动态分式预测模型）。蓝球双变量分式模型只有 $\eta x-x340$ 一种形式，两个模型，所以在双变量模型前都注明“$\eta x-x340$”。

模型一的公式为：

$$\begin{cases}\Delta\eta_x=0\\ \Delta\delta x=0\end{cases}\rightarrow 杀\begin{cases}m\leqslant 5\\ x_n\end{cases}\tag{5-11}$$

公式的彩票意义为：对蓝球预测期（n期）的倒数第1期（n-1期）的和值指数 η_x、极差 δx 进行克隆，对克隆期取倒数5期，凡在倒数5期内出现过的蓝球（条件为 $h_n\leqslant 14$），就是可能不会被摇奖机摇出的蓝球。

景气条件同蓝球单变量动态分式预测模型。

操作步骤为：第一步，从蓝球 $\eta x-x340$ 数据库中查出附表1第（n-1）期蓝球的 η_x、δx，并进行双克隆。

第二步，对双克隆期取倒数5期，凡在倒数5期内出现过的蓝球（条件是 $h_n\leqslant 14$），就是可能不会被摇奖机摇出的蓝球。

第三步，对各蓝球进行同项合并，即为所求的杀号。

计算机操作步骤同蓝球单变量动态分式预测模型（克隆对象不一定相同）。

模型特点：①不计算；②操作简单，只需查1个表；③杀号3~5个；④受季节影响不大。

全智能数据库设计：①1个表；②动态（克隆2个变量）；③选杀对象为彩号码。

模型二的公式为：

$$\begin{cases}\Delta\partial x=0\\ \Delta x=0\\ M=16\end{cases}\rightarrow\begin{cases}N=0\rightarrow 杀x_n\\ N_{总}\neq 0\rightarrow\begin{cases}分式为\dfrac{0}{3}\rightarrow 杀\begin{cases}N_{总}=1\\ x_n\end{cases}\\ 分式为\dfrac{N_{m-1}}{N_m\geqslant 4}\rightarrow 杀\begin{cases}N_{总}=1\\ x_n\end{cases}\end{cases}\end{cases}\tag{5-12}$$

公式的彩票意义为：当对蓝球预测期（n期）的倒数第1期（n-1期）的和值指数$\begin{cases}\Delta\partial x=0\\ \Delta x=0\end{cases}$进行克隆时，在对克隆期取倒数16期的平台上会出现两种情况：

第一，凡$N\neq 0$所对应的所有蓝球，就是可能会被摇奖机摇出的蓝球；凡$N=0$所对应的所有蓝球，就是可能不会被摇奖机摇出的蓝球。

第二，在蓝球克隆期的倒数16期中，汇总后的某分式$\dfrac{N_{m-1}}{N_m}$的总次数不等于零（$N_{总}\neq 0$），那么当该分式等于各相应模型的临界条件时，其对应的所有蓝球都是可能不会被摇奖机摇出的蓝球。

景气条件为：①$h_{n-1}\leqslant 14$；②$0.45\leqslant\eta_{xn-1}\leqslant 0.69$；③$0.09\leqslant\eta_{hn-1}\leqslant 0.14$，$0.04\leqslant\eta_{hn-1}\leqslant 0.06$；④$Q=4\sim 5$；⑤$G_x\neq 0$；⑥$x_n\neq x_{n-1}$；

⑦$m \geqslant 16$。

操作步骤为：第一步，从蓝球 $\eta x-x340$ 数据库中查出附表 1 第（n-1）期蓝球的 ∂x、x，并进行克隆。

第二步，对附表 1 克隆期取倒数 16 期（$m=16$）并复制到附表 2 的“序 2”上，从附表 2 右端 2 个分表中可分别查出 N、$N_{总}$及其分式中的分子、分母。

第三步，分以下两种情况进行杀号：①凡 $N \neq 0$ 所对应的蓝球，就是可能会被摇奖机摇出的蓝球，凡 $N=0$ 所对应的蓝球，就是可能不会被摇奖机摇出的蓝球。②当 $N_{总} \neq 0$ 时，按式（5-12）在附表 1 中找出所有杀号。

第四步，同项合并第三步中①与②的杀号，即为可能不会被摇奖机摇出的蓝球。

计算机操作步骤同蓝球动态分式变量模型（克隆对象不一定相同）。

模型特点：①不计算，只需查 2 个表；②操作简单；③杀号 7~13 个；④与季节有关；⑤全智能数据库。

全智能数据库设计：①2 个表；②动态（克隆 2 个变量）；③选杀对象为克隆后的分式 $=\dfrac{N_{m-1}}{N_m}$。

笔者在微信公众号、今日头条、喜马拉雅等网络平台上开展了“教你预测彩票”活动，在双色球开奖前一天公布中奖蓝球预测，就是根据以下 3 个模型进行半智能预测的：

（A）蓝球单变量动态分式预测模型，公式为：$\begin{cases}\Delta\eta_x=0 \\ M=16\end{cases} \rightarrow 杀\begin{cases}N=0 \\ x_n\end{cases}$；

（B）蓝球双变量动态分式预测模型，公式为：$\begin{cases}\Delta\partial x=0 \\ \Delta x=0 \\ M=16\end{cases} \rightarrow 杀\begin{cases}N=0 \\ x_n\end{cases}$；

（C）蓝球分形预测模型。

例题 9 试用蓝球动态分式预测模型预测 2020090～2020096 期连续 7 期的蓝球。

解：蓝球单变量动态分式模型有 $\eta x-x210$、$\eta x-x340$、…、$\eta x-x1440$ 共 5 个模型，现按 $\eta x-x340$ 的单变量克隆和双变量克隆两种模型做示范解题。

［1］蓝球 $\eta x-x340$ 单变量动态分式预测模型的公式为：

$$\begin{cases}\Delta\eta_x=0\\ M=16\end{cases}\rightarrow\begin{cases}N=0\rightarrow\text{杀}x_n\\ N_{\text{总}}\neq0\rightarrow\begin{cases}\text{分式为}\dfrac{0}{1}\rightarrow\text{杀}\begin{cases}N_{\text{总}}\leqslant4\\ x_n\end{cases}\\ \text{分式为}\dfrac{N_{n-2}}{\geqslant4}\rightarrow\text{杀}\begin{cases}N_{\text{总}}=1\\ x_n\end{cases}\end{cases}\end{cases}$$

因动态分式预测模型的景气条件远比静态分式预测模型要求高，所以预测前必须进行景气预测。执行 $\eta x-x340$ 单变量动态分式预测模型的景气条件：①$h_{n-1}\leqslant14$；②$0.45\leqslant\eta_{xn-1}\leqslant0.69$；③$0.09\leqslant\eta_{hn-1}\leqslant0.14$，$0.04\leqslant\eta_{hn-1}\leqslant0.06$；④$Q\geqslant4$；⑤$G_x\neq0$；⑥$x_n\neq x_{n-1}$；⑦$m\geqslant16$。

查蓝球指数表、蓝球 $\eta x-x340$ 数据库，2020090～2020096 期有关变量的参数如表 5-11 所示。

表 5-11 2020090～2020096 期有关变量的参数表

开奖期	h_{n-1}	η_{xn-1}	η_{xn-1}	x_{n-1}	开奖期	h_{n-1}	η_{xn-1}	η_{xn-1}	x_{n-1}
2020090	1	0.56	0.06	10	2020091	3	0.54	0.06	6
2020092	5	0.59	0.06	16	2020093	18	0.54	0.07	3
2020094	11	0.81	0.06	15	2020095	22	0.76	0.10	8
2020096	40	0.62	0.06	2					

显然，2020093 期、2020095 期、2020096 期的倒数第 1 期涨落高度分别为 $h_{n-1}=18$、22、40，均大于 14，属于不景气；而 2020094 期涨落高度为 $h_{n-1}=11$，但和值指数 $\eta_{xn-1}=0.81$，属于不景气；2020093 期涨落高度和值指数 $\eta_{hn-1}=0.07$，属于不景气。所以 7 期中可预测的只有 3 期（2020090 期、2020091 期、2020092 期），下面对这 3 期进行分别预测。

2020090 期

第一步，从蓝球 $\eta x-x340$ 数据库中查出附表 1 第（n-1）期蓝球的 η_x，并进行克隆。

第二步，对附表 1 克隆期取倒数 16（$M=16$）期并复制到附表 2 的“序 2”上，从附表 2 右端 2 个分表中可查汇总后的各中奖蓝球及其分式的分子、分母、总次数，如表 5-12 所示。

表 5-12 汇总后各中奖蓝球及其分式的分子、分母、总次数

开奖期	x	N_{m-1}	N_m	N	汇总			开奖期	x	N_{m-1}	N_m	N
2018033	6	1	2	4	N_{m-1}	N_m	$N_总$	2019079	16	3	3	1
2018103	16	0	1	4	1	2	4	2020004	3	0	1	4
2018123	1	3	4	2	0	1	4	2020032	13	2	3	2
2018124	2	0	1	4	3	4	2	2020037	15	1	2	4
2018139	15	3	1	2	2	3	2	2020047	1	1	1	1
2018152	3	1	2	4	3	3	1	2020086	6	0	1	1
2019009	15	1	2	4	1	1	1					
2019026	14	2	3	2								

第三步，分以下两种情况进行杀号：①从表 5-12 可查出在这 16 期中摇出的蓝球为 6、16、1、2、15、3、14、13（共 8 个，均为 $N\neq 0$ 所对应的可能会被摇出的蓝球），那么 $N=0$ 所对应的蓝球就是不会

被摇出的蓝球。显然，16 个蓝球中除上面摇出的 8 个蓝球外，剩余的 4、5、7、8、9、10、11、12 这 8 个蓝球，即为可能不会被摇奖机摇出的蓝球。②当 $N_{总} \neq 0$ 时，按公式（5-7）还可从附表 1 中查出以下可能不会被摇奖机摇出的蓝球，即分式等于 $\frac{0}{1}$，而出现次数 $N \leqslant 4$ 的蓝球为 2019123 期的蓝球 1、2018151 期的蓝球 15、2020089 期的蓝球 12、2020036 期的蓝球 13。

第四步，同项合并第三步①与②的蓝球，结果为 1、4、5、7、8、9、10、11、12、13、15（共 11 个），即为可能不会被摇奖机摇出的蓝球。

查得 2020090 期中奖蓝球为 6，预测准确。

2020091 期

按解 2020090 期同样的步骤和方法，从附表 2 右端倒 16 个克隆期中可查出有关变量和参数，如表 5-13 所示。

表 5-13　2020091 期倒数 16 个克隆期的有关变量和参数

开奖期	x	N_{m-1}	N_m	N	汇总			开奖期	x	N_{m-1}	N_m	N
2018031	14	1	1	2	N_{m-1}	N_m	$N_{总}$	2019057	16	0	1	6
2018120	1	0	1	6	1	1	2	2019065	10	0	1	6
2018121	11	1	2	3	0	1	6	2019080	7	2	3	2
2019002	11	1	2	3	1	2	3	2019090	4	1	1	2
2019003	1	0	1	6	2	3	2	2020034	3	0	1	6
2019018	4	1	2	3	3	4	0	2020062	5	2	3	1
2019025	4	0	1	6				2020064	1	3	4	1

第一步，从表 5-13 可查出，在这 16 期中摇出的蓝球为 14、1、11、4、16、10、7、3、5（共 9 个），显然 16 个蓝球中除上面摇出的

9 个外，剩余的 2、6、8、9、12、13、15 共 7 个蓝球，即为不会被摇出的蓝球。

第二步，当 $N_{总} \neq 0$ 时，按公式（5-7），还可从附表 1 中查出以下可能不会被摇奖机摇出的蓝球，即符合分式等于 $\frac{N_{m-1}}{N_m} \geqslant 4$ 的为 2020090 期（分式为$\frac{3}{4}$），其对应的蓝球为 4，同项合并第一步与第二步的蓝球，得出可能不会被摇奖机摇出的蓝球为 2、4、6、8、9、12、13、15，共 8 个。

查得 2020091 期的中奖蓝球为 16，预测准确。

2020092 期

按解 2020090 期同样的步骤和方法，从附表 2 右端倒数 16 个克隆期中可查出有关变量和参数，如表 5-14 所示。

表 5-14　2020092 期倒数 16 个克隆期的有关变量和参数

开奖期	x	N_{m-1}	N_m	N	汇总			开奖期	x	N_{m-1}	N_m	N
2016066	5	0	1	8	N_{m-1}	N_m	$N_{总}$	2017145	12	0	1	8
2016127	16	1	2	3	0	1	8	2017147	14	2	3	2
2016142	12	1	2	3	1	2	3	2018092	16	0	1	8
2017078	16	0	1	8	2	3	2	2018122	10	1	2	3
2017088	6	2	3	2	2	3	2	2019141	14	0	1	8
2017089	12	1	2	3	3	4	1	2020020	2	0	1	8
2017133	11	3	4	1				2020030	3	0	1	8

第一步，从表 5-14 可查出在这 16 期中摇出的蓝球为 5、16、12、6、11、14、10、2、3，共 9 个球，剩余的 1、4、7、8、9、13、15 共 7 个蓝球，即为不会被摇出的蓝球。

第二步，当 $N_{总} \neq 0$ 时，按公式（5-7），还可从附表 1 中查出可能不会被摇奖机摇出的蓝球，即符合分式等于 $\frac{N_{m-1}}{N_m \geqslant 4}$ 的为 2017146 期（分式为 $\frac{3}{4}$），其对应的蓝球为 12，同项合并第一步和第二步的蓝球，可能不会被摇奖机摇出的蓝球为 1、4、7、8、9、12、13、15，共 8 个。

查得 2020092 期中奖蓝球为 3，预测准确。

[2] 蓝球 $\eta x-x340$ 双变量动态分式预测模型的公式为：

$$\begin{cases} \Delta\eta_x = 0 \\ \Delta\delta x = 0 \end{cases} \rightarrow 杀 \begin{cases} m \leqslant 5 \\ x_n \end{cases}$$

下面分别对 2020090 期、2020091 期、2020092 期进行预测。

2020090 期

第一步，从蓝球 $\eta x-x340$ 数据库中查出附表 1 第（n-1）期蓝球的 η_x、δx，并进行双克隆。

第二步，对双克隆期取倒数 5 期，并在附表 1 克隆后的左端选出倒数 5 期蓝球 x、涨落高度及有关变量、参数，如表 5-15 所示。

表 5-15　2020090 期克隆倒数 5 期蓝球及相关变量和参数

开奖期	x	h_n	开奖期	x	h_n	开奖期	x	h_n
2018138	9	0	2018151	15	11	2020085	16	9
2020087	10	18	2020089	10	1			

根据景气条件“涨落高度小于等于 14”的要求，2020087 期的 $h_n=18$（大于 14），故可预测的只有 2018138 期、2018151 期、2010085 期、2020089 期。

第三步，找出这 4 期的蓝球 9、15、16、10，即为可能不会被摇奖机摇出的蓝球。

事实上，从计算机操作程序看，蓝球 $\eta x-x340$ 单变量与双变量预测模型使用的是同一个数据库，不矛盾、不交叉、不返回，可连续操作（单变量模型操作在前，双变量模型操作后）。

2020091 期

按解 2020090 期同样的步骤和方法，可选出如下变量、参数（见表 5-16）。

表 5-16　2020091 期克隆倒数 5 期蓝球及相关变量和参数

开奖期	x	h_n	开奖期	x	h_n	开奖期	x	h_n
2019002	11	1	2019056	1	12	2019064	12	2
2019079	16	16	2020090	6	5			

根据景气条件“涨落高度小于等于 14”的要求，2019079 期的 $h_n=16$（大于 14），故可预测的只有 2019002 期、2019056 期、2019064 期、2020090 期共 4 期，找出这 4 期的蓝球 11、1、12、6，即为可能不会被摇奖机摇出的蓝球。

2020092 期

按解 2020090 期同样的步骤和方法，可选出如下变量、参数（见表 5-17）。

表 5-17　2020092 期克隆倒数 5 期蓝球及相关变量和参数

开奖期	x	h_n	开奖期	x	h_n	开奖期	x	h_n
2011137	13	3	2011138	7	60	2013136	6	2
2014034	6	11	2020091	16	5			

根据景气条件“涨落高度小于等于 14”的要求，2011138 期的 $h_n=60$（大于 14），故可预测的只有 2011137 期、2013136 期、

2014034 期、2020091 期共 4 期，找出这 4 期的蓝球并进行同项合并后为 13、6、16，即为可能不会被摇奖机摇出的蓝球。显然，蓝球 $\eta x-x340$ 双变量动态分式预测模型对这 3 期的预测完全准确。

如果把单变量、双变量动态分式两个预测模型对这 3 期的预测汇总起来，蓝球 2020090 期、2020091 期、2020092 期可能不会被摇奖机摇出的蓝球分别为：1、4、5、7、8、9、10、11、12、13、15、16（奖号为 6），1、2、4、6、8、9、11、12、13、15（奖号为 16），1、2、6、7、8、9、12、13、15、16（奖号为 3），预测准确。

另一个蓝球双变量预测模型的求解，感兴趣的读者可参阅微信公众号、今日头条、喜马拉雅等网络平台的“教你预测彩票”栏目学习。

（二）红球分式预测模型

1. 红球静态分式预测模型

（1）红球 $\eta x-x210$ 静态分式预测模型的公式为：

$$\begin{cases} 杀\rightarrow\dfrac{N_{n-2}}{N_{n-1}}=\dfrac{\geqslant 7}{0}、\dfrac{\geqslant\ (N_{n-1}+9)}{N_{n-1}} \\ \quad 杀号个数\ 2\sim 8 \end{cases} \tag{5-13}$$

公式的彩票意义为：当红球预测期（n 期）的倒数第 1 期（n-1 期）的分式$\dfrac{N_{n-2}}{N_{n-1}}$，等于$\dfrac{\geqslant 7}{0}$、$\dfrac{\geqslant\ (N_{n-1}+9)}{N_{n-1}}$时，其各分式对应的所有红球就是可能不会被摇奖机摇出的红球。

景气条件为：$0.09\leqslant\eta_{xn-1}\leqslant 0.21$。

操作步骤为：第一步，从红球 $\eta x-x210$ 数据库中查出第（n-1）期红球的 η_x。

第二步，寻找第（n-1）期 33 个红球中出现次数 N 的分式$\dfrac{N_{n-2}}{N_{n-1}}=$

$\frac{\geqslant 7}{0}$、$\frac{\geqslant (N_{n-1}+9)}{N_{n-1}}$的红球，其就是可能不会被摇奖机摇出的红球。

第三步，同项合并各预测红球 x_n，即为所求。

模型特点：①不计算，只需查 1 个表；②操作简单；③杀号 2~8 个；④与季节有关；⑤全智能数据库。

全智能数据库设计：①1 个表；②静态（不克隆）；③选杀对象为分式 $=\frac{N_{n-2}}{N_{n-1}}$。

（2）红球 $\eta x-x340$ 静态分式预测模型的公式为：

$$\begin{cases} 杀\rightarrow\frac{N_{n-2}}{N_{n-1}}=\frac{0}{0}、\frac{0}{\geqslant 3}、\frac{\geqslant 9}{0}、\frac{7}{7}、\frac{8}{8}、\cdots、\frac{\geqslant (N_{n-1}+9)}{N_{n-1}} \\ 杀号个数\ 1\sim 5 \end{cases} \qquad (5-14)$$

公式的彩票意义为：当红球预测期（n 期）的倒数第 1 期（n-1 期）的分式$\frac{N_{n-2}}{N_{n-1}}=\frac{0}{0}$、$\frac{0}{\geqslant 3}$、$\frac{\geqslant 9}{0}$、$\frac{7}{7}$、$\frac{8}{8}$、…、$\frac{\geqslant (N_{n-1}+9)}{N_{n-1}}$时，各分式对应的所有红球，就是可能不会被摇奖机摇出的红球。

景气条件为：$0.09\leqslant\eta_{xn-1}\leqslant 0.21$。

操作步骤为：第一步，从红球 $\eta x-x340$ 走势数据库中查出第（n-1）期红球的 η_x。

第二步，寻找第（n-1）期 33 个红球中出现分式$\frac{N_{n-2}}{N_{n-1}}=\frac{0}{0}$、$\frac{0}{\geqslant 3}$、$\frac{\geqslant 9}{0}$、$\frac{7}{7}$、$\frac{8}{8}$、…、$\frac{\geqslant (N_{n-1}+9)}{N_{n-1}}$的红球，其就是可能不会被摇奖机摇出的红球。

第三步，同项合并各预测红球 x_n，即为所求。

模型特点：①不计算，只需查 1 个表；②操作简单；③杀号 1~5 个；④与季节有关。

（3）红球 $\eta x-x550$ 静态分式预测模型的公式为：

$$\begin{cases}杀\to\frac{N_{n-2}}{N_{n-1}}=\frac{0}{0}、\frac{9}{0}、\frac{0}{\geqslant 3}、\frac{11}{11}、\frac{12}{12}、\cdots、\frac{\geqslant (N_{n-1}+13)}{N_{n-1}} \\ 杀号个数 1\sim 6\end{cases} \quad (5-15)$$

公式的彩票意义为：当红球预测期（n 期）的倒数第 1 期（n−1 期）的分式 $\frac{N_{n-2}}{N_{n-1}}=\frac{0}{0}、\frac{9}{0}、\frac{0}{\geqslant 3}、\frac{11}{11}、\frac{12}{12}、\cdots、\frac{\geqslant (N_{n-1}+13)}{N_{n-1}}$ 时，其各分式对应的所有红球，就是可能不会被摇奖机摇出的红球。

景气条件为：$0.09\leqslant \eta_{xn-1}\leqslant 0.21$。

操作步骤为：第一步，从红球 $\eta x-x550$ 走势数据库中查出第（n−1）期红球的 η_x。

第二步，寻找第（n−1）期 33 个红球中分式 $\frac{N_{n-2}}{N_{n-1}}=\frac{0}{0}、\frac{9}{0}、\frac{0}{\geqslant 3}、\frac{11}{11}、\frac{12}{12}、\cdots、\frac{\geqslant (N_{n-1}+13)}{N_{n-1}}$ 的红球，其就是可能不会被摇奖机摇出的红球。

第三步，同项合并各预测红球 x_n，即为所求。

模型特点：①不计算，只需查 1 个表；②操作简单；③杀号 1~6 个；④与季节有关；⑤全智能数据库。

（4）红球 $\eta x-x890$ 静态分式预测模型的公式为：

$$\begin{cases}杀\to\frac{N_{n-2}}{N_{n-1}}=\frac{0}{0}、\frac{1}{0}、\frac{0}{\geqslant 8}、\frac{\geqslant (N_{n-1}+17)}{N_{n-1}} \\ 杀号个数 0\sim 5\end{cases} \quad (5-16)$$

公式的彩票意义为：当红球预测期（n 期）的倒数第 1 期（n−1 期）的分式 $\frac{N_{n-2}}{N_{n-1}}=\frac{0}{0}、\frac{1}{0}、\frac{0}{\geqslant 8}、\frac{\geqslant (N_{n-1}+17)}{N_{n-1}}$ 时，其各分式对应的所有红球就是可能不会被摇奖机摇出的红球。

景气条件为：$0.09 \leq \eta_{xn-1} \leq 0.21$。

操作步骤为：第一步，从红球 $\eta x-x890$ 走势数据库中查出第（n-1）期红球的 η_x。

第二步，寻找第（n-1）期 33 个红球中出现分式 $\frac{N_{n-2}}{N_{n-1}}=\frac{0}{0}$、$\frac{1}{0}$、$\frac{0}{\geq 8}$、$\frac{\geq (N_{n-1}+17)}{N_{n-1}}$ 的红球，其就是可能不会被摇奖机摇出的红球。

第三步，同项合并各预测红球 x_n，即为所求。

模型特点：①不计算，只需查 1 个表；②操作简单；③杀号 0~5 个；④与季节有关；⑤全智能数据库。

例题 10　试用红球静态分式预测模型对 2021006~2021010 期共连续 5 期的红球进行预测。

解：首先从景气条件 $0.09 \leq \eta_{nx-1} \leq 021$ 看，2021006~2021010 期倒数第 1 期的和值指数 η_{nx-1} 为：

2021006 期：$\eta_{nx-1}=0.20$；　　2021007 期：$\eta_{nx-1}=0.27$；

2021008 期：$\eta_{nx-1}=0.10$；　　2021009 期：$\eta_{nx-1}=0.07$；

2021010 期：$\eta_{nx-1}=0.10$

显然，符合景气条件的只有 2021006 期、2021008 期、2021010 期，下面分别对这 3 期进行预测。

2021006 期

［1］$\eta x-x210$ 模型

第一步，从红球 $\eta x-x210$ 走势数据库中查出第（n-2）期、（n-1）期红球出现次数，如表 5-18 所示。

表 5-18　$\eta x-x210$ 模型数据库中 2021004~2021005 期红球出现次数

$x\to$	1	2	3	4	5	6	7	8	9	10	11	12	13	14	15	16	17	18	19	20	21	22
2021004→N→	2	8	2	2	2	6	5	3	5	1	4	5	0	5	3	6	5	2	4	0	3	3
2021005→N→	1	1	0	1	2	2	2	1	1	0	2	1	1	1	0	1	1	1	1	0	0	3

$x\to$	23	24	25	26	27	28	29	30	31	32	33
2021004→N→	6	3	1	6	5	1	3	9	4	5	2
2021005→N→	0	3	0	0	2	1	1	0	0	0	0

第二步，第（n-1）期 33 个红球中，发现只有分式$\frac{N_{n-2}}{N_{n-1}}=\frac{8}{0}$符合公式$\frac{N_{n-2}}{N_{n-1}}=\frac{\geq 7}{0}$的杀号标准。显然，该分式相对应的红球为 30，即为可能不会被摇奖机摇出的红球。

［2］ $\eta x-x340$ 模型

第一步，从红球 $\eta x-x340$ 走势数据库中查出第（n-2）期、（n-1）期红球出现次数，如表 5-19 所示。

表 5-19　$\eta x-x340$ 模型数据库中 2021004~2021005 期红球出现次数

$x\to$	1	2	3	4	5	6	7	8	9	10	11	12	13	14	15	16	17	18	19	20	21	22
2021004→N→	3	9	4	4	6	9	5	5	7	3	7	5	3	6	4	8	8	8	5	1	5	4
2021005→N→	1	2	1	2	2	3	2	3	3	1	3	2	4	2	2	3	2	1	2	0	0	3

$x\to$	23	24	25	26	27	28	29	30	31	32	33
2021004→N→	9	4	2	8	7	2	4	10	5	7	3
2021005→N→	3	3	1	0	3	4	2	0	0	0	0

第二步，第（n-1）期 33 个红球中，发现只有分式$\frac{N_{n-2}}{N_{n-1}}=\frac{10}{0}$符合上述公式$\frac{N_{n-2}}{N_{n-1}}=\frac{\geq 9}{0}$的杀号标准。显然，该分式相对应的红球为 30，即

为可能不会被摇奖机摇出的红球。

［3］ $\eta x-x550$ 模型

第一步，从红球 $\eta x-x550$ 走势数据库中查出第（n-2）和（n-1）期红球出现次数，如表 5-20 所示。

表 5-20 $\eta x-x550$ 模型数据库中 2021004～2021005 期红球出现次数

x→	1	2	3	4	5	6	7	8	9	10	11	12	13	14	15	16	17	18	19	20	21	22
2021004→N→	5	11	4	6	7	10	8	7	9	5	10	7	3	7	6	11	11	10	5	4	10	7
2021005→N→	2	2	2	4	3	4	2	5	5	5	5	3	4	2	3	3	4	1	3	1	3	4

x→	23	24	25	26	27	28	29	30	31	32	33
2021004→N→	13	6	5	10	9	4	7	14	7	8	6
2021005→N→	4	4	1	0	5	4	4	1	1	0	1

第二步，第（n-1）期 33 个红球中，发现没有符合上述公式杀号标准的分式。

［4］ $\eta x-x890$ 模型

第一步，从红球 $\eta x-x890$ 走势数据库中查出第（n-2）和（n-1）期红球出现次数，如表 5-21 所示。

表 5-21 $\eta x-x890$ 模型数据库中 2021004～2021005 期红球出现次数

X→	1	2	3	4	5	6	7	8	9	10	11	12	13	14	15	16	17	18	19	20
2021004→N→	10	13	7	8	10	14	12	10	14	8	15	14	5	11	9	14	15	13	10	12
2021005→N→	2	6	2	5	4	5	2	10	7	7	6	4	4	4	3	5	4	5	3	5

x→	21	22	23	24	25	26	27	38	29	30	31	32	33
2021004→N→	16	13	15	8	11	14	17	6	12	16	7	13	12
2021005→N→	3	6	5	7	2	2	7	7	7	3	3	2	3

第二步，第（n-1）期 33 个红球中，没有符合上述公式杀号标准的分式。

2021006 期合计杀号为 30。

用上述同样的方法和步骤可得：

2021008 期 $\eta x-x210$、$\eta x-x340$、$\eta x-x890$ 模型无杀号，$\eta x-x550$ 模型杀号为 20、26、29。

2021008 期合计杀号为 20、26、29。

20210010 期 $\eta x-x210$ 模型无杀号，$\eta x-x340$ 模型杀号为 23，$\eta x-x550$ 模型杀号为 14、18、22、23、29，$\eta x-x890$ 模型杀号为 14、18、29。

20210010 期合计杀号为 14、18、22、23、29。

2. 红球动态分式模型

红球动态分式边缘模型，简称红球动态分式模型，主要有红球单变量动态分式、红球双变量动态分式、红球多变量动态分式、红球动态分式极大、红球动态分式极小、红球动态分式重号共 6 个模型，前 3 个统称红球动态分式变量模型，为彩票混沌与分形预测的基本预测模型，后 3 个为方案预测模型，精确度不如基本预测模型，但仍是预测到中奖过程中不可缺少的一个环节，仍须掌握。

（1）红球动态分式变量模型。红球单变量、双变量和多变量动态分式模型，统称红球动态分式变量模型。

1）红球单变量动态分式模型（简称单变量分式模型）。红球单变量动态分式模型有 $\eta x-x210$、$\eta x-x340$、$\eta x-x550$、$\eta x-x890$、$\eta x-x1440$、$\eta x-x2330$ 共 6 个数据库，对应着 6 个模型、6 种不同的临界时空条件，但克隆对象只有一个变量（和值指数 η_x），所以叫单变量动态分式模型。

红球 $\eta x-x210$ 单变量动态分式模型的公式为：

$$\left\{\begin{array}{l}\Delta\eta_x=0\\ M=16\end{array}\right.\rightarrow\left\{\begin{array}{l}\left\{\begin{array}{l}\dfrac{N_{m-1}}{N_m=8}\rightarrow\text{杀}\left\{\begin{array}{l}N\leqslant 2\\ x_n\end{array}\right.\\ \dfrac{N_{m-1}\geqslant 6}{N_m=3}\rightarrow\text{杀}\left\{\begin{array}{l}N=1\\ x_n\end{array}\right.\end{array}\right.\\ \left\{\begin{array}{l}\dfrac{N_{m-1}\geqslant 4}{N_m=2}\rightarrow\text{杀}\left\{\begin{array}{l}N=1\\ x_n\end{array}\right.\\ \dfrac{N_{m-1}\geqslant 3}{N_m=1}\rightarrow\text{杀}\left\{\begin{array}{l}N=1\\ x_n\end{array}\right.\end{array}\right.\end{array}\right. \qquad (5-17)$$

红球 $\eta x-x340$ 单变量动态分式模型的公式为：

$$\left\{\begin{array}{l}\Delta\eta_x=0\\ M=16\end{array}\right.\rightarrow\left\{\begin{array}{l}\left\{\begin{array}{l}\dfrac{N_{m-1}}{N_m=8}\rightarrow\text{杀}\left\{\begin{array}{l}N\leqslant 2\\ x_n\end{array}\right.\\ \dfrac{N_{m-1}\geqslant 5}{N_m=3}\rightarrow\text{杀}\left\{\begin{array}{l}N\leqslant 2\\ x_n\end{array}\right.\end{array}\right.\\ \left\{\begin{array}{l}\dfrac{N_{m-1}\geqslant 3}{N_m=2}\rightarrow\text{杀}\left\{\begin{array}{l}N=1\\ x_n\end{array}\right.\\ \dfrac{N_{m-1}\geqslant 3}{N_m=1}\rightarrow\text{杀}\left\{\begin{array}{l}N=1\\ x_n\end{array}\right.\end{array}\right.\end{array}\right. \qquad (5-18)$$

红球 $\eta x-x550$ 单变量动态分式模型的公式为：

$$\left\{\begin{array}{l}\Delta\eta_x=0\\ M=16\end{array}\right.\rightarrow\left\{\begin{array}{l}\left\{\dfrac{N_{m-1}}{N_m=12}\rightarrow\text{杀}\left\{\begin{array}{l}N\leqslant 2\\ x_n\end{array}\right.\right.\\ \left\{\dfrac{N_{m-1}\geqslant 16}{N_m\geqslant 13}\rightarrow\text{杀}\left\{\begin{array}{l}N\leqslant 3\\ x_n\end{array}\right.\right.\end{array}\right. \qquad (5-19)$$

红球 $\eta x-x890$ 单变量动态分式模型的公式为：

$$\begin{cases}\Delta\eta_x=0\\ M=16\end{cases}\rightarrow\begin{cases}\begin{cases}\dfrac{N_{m-1}}{8\leqslant N_m\leqslant 14}\end{cases}\rightarrow 杀\begin{cases}N\leqslant 2\\ x_n\end{cases}\\ \begin{cases}\dfrac{N_{m-1}}{N_m\geqslant 17}\end{cases}\rightarrow 杀\begin{cases}N\leqslant 3\\ x_n\end{cases}\end{cases}\tag{5-20}$$

红球 $\eta x-x1440$ 单变量动态分式模型的公式为：

$$\begin{cases}\Delta\eta_x=0\\ M=16\end{cases}\rightarrow\begin{cases}\dfrac{N_{m-1}}{N_m\geqslant 27}\rightarrow 杀\begin{cases}N=1\\ x_n\end{cases}\\ \dfrac{N_{m-1}}{N_m\geqslant 35}\rightarrow 杀\begin{cases}N\leqslant 2\\ x_n\end{cases}\end{cases}\tag{5-21}$$

红球 $\eta x-x2330$ 单变量动态分式模型的公式为：

$$\begin{cases}\Delta\eta_x=0\\ M=16\end{cases}\rightarrow\begin{cases}\dfrac{N_{m-1}}{N_m\geqslant 46}\end{cases}\rightarrow 杀\begin{cases}N\leqslant 2\\ x_n\end{cases}\tag{5-22}$$

其中，η_{xn-1} 指预测期（n 期）倒数第 1 期和值指数，M 指复制粘贴期数，m 指克隆期数。N 指汇总克隆后倒数 16 期内，某分式出现的次数。N_m 指克隆 m 次后第 1 期某分式出现的次数（分式的分母）。N_{m-1} 指克隆 m 次后第 2 期某分式出现的次数（分式的分子）。x_n 指某分式出现的次数或分式所对应的、在预测期（n 期）可能不被摇奖机摇出的红球。$\dfrac{N_{m-1}}{N_m}$指克隆轴上的分式。

公式的彩票意义：对红球预测期（n 期）的倒数第 1 期（n－1 期）的和值指数 η_x 进行克隆，在对克隆期取倒数 16 期的平台上，当克隆的 16 期内红球某些分式$\dfrac{N_{m-1}}{N_m}$的总次数不等于零（$N_{总}\neq 0$），且分式$\dfrac{N_{m-1}}{N_m}$出现次数为上述各公式所对应的临界值时，那么这些分式$\dfrac{N_{m-1}}{N_m}$

在克隆期的倒数 16 期内对应的所有红球，都是可能不会被摇奖机摇出的红球。

景气条件：① $\eta_{xn-1}=0.09\sim0.16$；② $m\geqslant16$；③ $(\partial x-x_1)\geqslant21$；④ $\overline{\overline{\sum_{n-1}^{6}h}}=4.00\sim4.16$；⑤ $\eta_{hn-1}=0.08\sim0.28$、$0.43\sim0.51$；⑥ $\sum_{n-1}^{6}x=104\sim119$。

操作步骤：因 $\eta x-x150$、$\eta x-x210$、$\eta x-x340$、$\eta x-x550$、$\eta x-x890$、$\eta x-x1440$、$\eta x-x2330$ 各种红球动态分式模型的步骤均相同，这里仅以 $\eta x-x340$ 模型为例进行介绍。

第一步，从红球 $\eta x-x340$ 数据库中查出附表 1 第（n-1）期红球的 η_x，并进行克隆。

第二步，对克隆期取倒数 16 期并复制到附表 2 的“序 2”上，从附表 2 最右端分表中，查出汇总后的各分式中的分子、分母、出现总次数。

第三步，当 $N_{总}\neq0$ 时，可按 $\eta x-x340$ 单变量动态分式模型公式（5-18）在附表 1 克隆期的倒数 16 期内，找出所有符合各临界条件的杀号。

第四步，同项合并各红球后，结果即为可能不会被摇奖机摇出的红球。

模型特点：①不计算，只需查 2 个表；②操作较简单；③杀号 15~21 个；④景气条件要求最苛刻；⑤是红球预测的主力军和基本预测模型。

全智能数据库设计：①2 个表；②动态（克隆 1 个变量）；③选杀对象为克隆后的分式和次数。

计算机操作步骤：调出红球 $x-x340$ 模型数据库→选附表 1 中（n-1）期的克隆对象（η_{xn-1}）→按右键选中“筛选”→点“按所选单元格的值筛选”→按左键→调出克隆表→复制（按左键）附表 1 的

倒数 16 期（$M=16$）→按右键粘贴到附表 2 的“序 2”上→（按左键）向右移至附表 2 最右端→按公式选出分式→查附表 1，在倒数 16 期中找出该分式所对应的所有红球，即为所求。相关操作可参考演示视频。

注意：在红球各单变量、双变量、多变量数据库 $\eta x-x210$、$\eta x-x340$、$\eta x-x550$、…中进行计算机操作，其程序完全相同，不同的是克隆变量和个数。

2）红球 $\eta x-x340$ 多变量动态分式模型（简称多变量分式模型）。红球 $\eta x-x340$ 多变量分式模型与红球单变量分式模型一样，有 $\eta x-x210$、$\eta x-x340$ 等共 4 个模式，但各模式的临界时空条件都相同，3 个克隆变量（和值指数 ηx、极差 δx、红球 x_2）也相同，所以一般只选 $\eta x-x340$ 这一种模型进行预测。该模型的公式如下：

$$\begin{cases}\Delta\eta_x=0\\ \Delta\delta x=0\rightarrow 杀\begin{cases}m\leqslant 3\\ x_3、x_6\end{cases}\\ \Delta x_2=0\end{cases}\qquad(5-23)$$

其中，x_2 指克隆期 6 个中奖红球按从小到大排列的第 2 个红球；x_3、x_6 指预测期 6 个中奖红球按从小到大排列的第 3、第 6 个红球，也是可能不会被摇奖机摇出的红球。

公式的彩票意义为：对红球预测期（n 期）的倒数第 1 期（n-1 期）的和值指数 η_x、极差 δx、红球 x_2 进行克隆，对克隆期取倒数 3 期，凡在倒数 3 期内的所有红球 x_3、x_6 都是可能不会被摇奖机摇出的红球。

景气条件同红球 $\eta x-x340$ 单变量动态分式模型。

操作步骤为：第一步，从红球 $\eta x-x340$ 数据库中查出附表 1 第（n-1）期红球的 η_x、δx 和红球 x_2，并进行克隆。

第二步，对克隆期取倒数 3 期，则倒数 3 期内的所有 x_3、x_6 红球均为可能不会被摇奖机摇出的红球。

第三步，同项合并各红球后，即为所求的杀号。

计算机操作：同红球单变量动态分式模型（克隆对象不一定相同）。

模型特点：①不计算；②操作简单，只需查 1 个表；③杀号 3~6 个；④与季节有关；⑤基本预测模型；⑥全智能数据库。

全智能数据库设计：①1 个表；②动态（克隆 3 个变量）；③选杀对象为彩号码。

3）红球双变量动态分式模型（简称双变量分式模型）。红球双变量动态分式模型只有 $\eta x-x210$、$\eta x-x340$、$\eta x-x550$ 共 3 个模式和 5 种不同的临界时空条件，但克隆对象有 2 个变量（和值指数 ηx、δx），所以叫双变量动态分式模型。

红球 $\eta x-x210$ 双变量动态分式模型的公式为：

$$\begin{cases}\Delta\eta_x=0\\ \Delta\delta x=0\rightarrow 杀\dfrac{7}{N_m\geqslant 7}\rightarrow\begin{cases}N=1\\ x_n\end{cases}\\ M=16\end{cases}\tag{5-24}$$

红球 $\eta x-x340$ 双变量动态分式模型的公式为：

$$\begin{cases}\Delta\eta_x=0\\ \Delta\delta\mathrm{x}=0\rightarrow\begin{cases}\dfrac{N_{m-1}}{N_m\geqslant 11}\rightarrow 杀\begin{cases}N=1\\ x_n\end{cases}\\ \dfrac{N_{m-1}\geqslant 6}{N_m=3}、\dfrac{N_{m-1}\geqslant 5}{N_m=4}\rightarrow 杀\begin{cases}N=1\\ x_n\end{cases}\end{cases}\\ M=16\end{cases}\tag{5-25}$$

红球 $\eta x-x550$ 双变量动态分式模型的公式为：

$$\begin{cases}\Delta\eta_x=0\\ \Delta\delta\mathrm{x}=0\rightarrow\begin{cases}\dfrac{\geqslant 16}{N_m=14}\rightarrow 杀\begin{cases}N=1\\ x_n\end{cases}\\ \dfrac{\geqslant 15}{N_m\geqslant 15}\rightarrow 杀\begin{cases}N\leqslant 2\\ x_n\end{cases}\end{cases}\\ M=16\end{cases}\tag{5-26}$$

公式的彩票意义为：对红球预测期（n 期）的倒数第 1 期（n−1 期）的和值指数 η_x、δx 进行克隆，在对克隆期取倒数 16 期的平台上，当克隆的 16 期内某些分式$\frac{N_{m-1}}{N_m}$的总次数不等于零（$N_{总} \neq 0$），且分式$\frac{N_{m-1}}{N_m}$出现次数为上述各公式所对应的临界值时，那么这些分式$\frac{N_{m-1}}{N_m}$在克隆期的倒数 16 期内对应的所有红球，都是可能不会被摇奖机摇出的红球。

景气条件同 $\eta x-x340$ 单变量动态分式模型。

操作步骤为：因 $\eta x-x210$、$\eta x-x340$、$\eta x-x550$ 各种红球动态分式模型的步骤均相同，这里仅以 $\eta x-x340$ 模型为例进行介绍。

第一步，从红球 $\eta x-x340$ 数据库中查出附表 1 第（n−1）期红球的 η_x、δx，并进行克隆。

第二步，对克隆期取倒数 16 期并复制到附表 2 的“序 2”上，从附表 2 最右端分表中，查出汇总后的各分式中的分子、分母、出现总次数。

第三步，当 $N_{总} \neq 0$ 时，可按 $\eta x-x340$ 双变量动态分式模型公式（5−25）在附表 1 克隆期的倒数 16 期内，找出所有符合各临界条件的杀号。

第四步，同项合并各红球后，即为可能不会被摇奖机摇出的红球。

计算机操作同红球单变量动态分式模型（克隆对象不一定相同）。

模型特点：①不用计算，只需查 2 个表；②操作较简单；③杀号 1~9 个；④与季节有关；⑤包容性极大。

全智能数据库设计：①2 个表；②动态（克隆 2 个变量）；③选杀对象为克隆后的分式和次数。

例题 11 试用红球动态分式模型对 2021036~2021045 期共连续 10 期的红球进行预测。

解：首先从红球动态分式模型的以下景气条件审查 2021036~2021045 各期的景气情况：①$\eta_{xn-1} = 0.09 \sim 0.16$；②$m \geqslant 16$；③$(\partial x - x_1) \geqslant 21$；④$\overline{\overline{\sum_{n-1}^{6} h}} = 4.00 \sim 4.16$；⑤$\eta_{hn-1} = 0.08 \sim 0.28$、$0.43 \sim 0.51$；⑥$\sum_{n-1}^{6} x = 104 \sim 119$。

查红球彩票指数表可得各期的基础数据情况（见表 5-22）。

表 5-22 2021036~2021045 期的基础数据

开奖期	η_{xn-1}	$\overline{\overline{\sum_{n-1}^{6} h}}$	∂x	x_1	$(\partial x - x_1)$	$\sum_{n-1}^{6} x$	m	η_{hn-1}
2021036	0.46	2.8	16	12	2	118	$m \geqslant 16$	0.34
2021037	0.10	2.8	25	1	24	67	$m \geqslant 16$	1.06
2021038	0.44	6.5	17	13	4	129	$m \geqslant 16$	0.17
2021039	0.16	6.0	22	5	17	82	$m \geqslant 16$	0.56
2021040	0.13	4.0	29	2	27	115	$m \geqslant 16$	0.48
2021041	0.13	1.3	27	2	25	96	$m \geqslant 16$	0.50
2021042	0.12	5.1	30	2	28	110	$m \geqslant 16$	0.09
2021043	0.20	4.3	22	5	17	98	$m \geqslant 16$	0.22
2021044	0.17	2.8	22	2	20	87	$m \geqslant 16$	0.11
2021045	0.18	2.8	23	5	18	97	$m \geqslant 16$	0.26

显然，符合景气条件要求的只有 2021040 期。这充分说明，在景气条件十分苛刻的情况下，一定要尽量把所有动态模型都用完，所以下面用红球动态分式的 6 个模型（3 个分式变量模型和分式极大、分式极小、分式重号模型），对 2021040 期的红球进行预测。

红球动态分式变量模型，包括动态单变量、双变量和多变量 3 种分式模型，都是基本预测模型，是彩票混沌与分形预测的主力军，往往起到一锤定音的作用。所谓“一锤定音”，指“选号在 13 个以下、优选组合小于 25 注、每次投注 2~50 元”。

1）红球单变量动态分式模型分 $\eta x-x210$、$\eta x-x340$、$\eta x-x550$、$\eta x-x890$、$\eta x-x1440$、$\eta x-x2330$ 等类型，需逐一求解。

［1］ $\eta x-x210$ 模型

第一步，从红球 $\eta x-x210$ 数据库中查出附表 1 第（n-1）期红球的 η_x，并进行克隆。

第二步，对克隆期取倒数 16 期并复制到附表 2 的“序 2”上，从附表 2 最右端分表中，可查出汇总后各分式中的分子、分母、出现总次数，见表 5-23。

表 5-23　$\eta x-x210$ 数据库汇总后各分式中的分子、分母、出现总次数

分子	分母	总次数	分子	分母	总次数	分子	分母	总次数	分子	分母	总次数
4	4	16	2	2	6	6	5	6	3	3	7
5	4	4	5	3	1	8	8	2	7	7	8
6	6	9	5	5	12	3	4	1	5	6	3
8	7	1	4	5	1	7	7	1	9	9	1
4	3	2	7	8	1	1	1	1			

第三步，当 $N_{总}\neq0$ 时，可按红球 $\eta x-x210$ 单变量动态分式模型公式（5-17）找出符合条件的分式$\frac{7}{8}$、$\frac{8}{8}$，再在附表 1 克隆后的倒数 16 期中，找出分式$\frac{7}{8}$、$\frac{8}{8}$所对应的红球，分别为 1、5、9、18、32 和 1、9、32，同项合并后为 1、5、9、18、32（寻找办法为：在附表 1 克隆后的倒数 16 期 33 个红球中，Y 轴上找出所有等于$\frac{7}{8}$、$\frac{8}{8}$的分式，同时找出诸分式对应的所有红球）即为所求杀号。

[2] $\eta x-x340$ 模型

第一步，从红球 $\eta x-x340$ 数据库中查出附表 1 第（n-1）期红球的 η_x，并进行克隆。

第二步，对克隆期取倒数 16 期并复制到附表 2 的“序 2”上，从附表 2 最右端分表中，可查出汇总后各分式中的分子、分母、出现总次数，如表 5-24 所示。

表 5-24 $\eta x-x340$ 数据库汇总后各分式中的分子、分母、出现总次数

分子	分母	总次数	分子	分母	总次数	分子	分母	总次数	分子	分母	总次数
6	6	16	4	3	2	1	4	5	9	8	1
7	7	11	5	5	10	9	7	1	8	8	7
9	9	4	11	11	3	6	7	1	0	0	0
4	5	1	7	8	3	6	5	1			

第三步，当 $N_{总}\neq 0$ 时，可按红球 $\eta x-x340$ 单变量动态分式模型公式（5-18）找出符合条件的分式$\frac{9}{8}$，再在附表 1 克隆后的倒数 16 期中，找出分式$\frac{9}{8}$所对应的红球 1、9、11、32，即为可能不会被摇奖机摇出的红球。

[3] $\eta x-x550$ 模型

第一步，从红球 $\eta x-x550$ 数据库中查出附表 1 第（n-1）期红球的 η_x，并进行克隆。

第二步，对克隆期取倒数 16 期并复制到附表 2 的“序 2”上，从附表 2 最右端分表中，可查出汇总后的各分式中的分子、分母、出现总次数，如表 5-25 所示。

表 5-25　$\eta x-x550$ 数据库汇总后各分式中的分子、分母、出现总次数

分子	分母	总次数	分子	分母	总次数	分子	分母	总次数	分子	分母	总次数
6	6	3	8	8	11	7	7	5	9	8	10
15	15	3	10	9	2	11	11	9	12	11	3
12	12	6	14	14	6	10	11	1	0	0	0
10	10	3	5	5	2	11	10	1			

第三步，当 $N_{总}\neq0$ 时，可按红球 $\eta x-x550$ 单变量动态分式模型公式（5-19）找出符合条件的分式，显然一个符合条件的分式都不存在。

［4］ $\eta x-x890$ 模型

第一步，从红球 $\eta x-x890$ 数据库中查出附表 1 第（n-1）期红球的 η_x，并进行克隆。

第二步，对克隆期取倒数 16 期并复制到附表 2 的“序 2”上，从附表 2 最右端分表中，可查出汇总后的各分式中的分子、分母、出现总次数，如表 5-26 所示。

表 5-26　$\eta x-x890$ 数据库汇总后各分式中的分子、分母、出现总次数

分子	分母	总次数	分子	分母	总次数	分子	分母	总次数	分子	分母	总次数
10	10	1	11	11	4	15	15	10	16	16	7
20	19	1	12	12	8	14	14	4	20	20	2
23	23	1	9	9	3	13	14	1	0	0	0
18	18	4	8	9	1	13	12	2			

第三步，当 $N_{总}\neq0$ 时，可按红球 $\eta x-x890$ 单变量动态分式模型公式（5-20）找出符合条件的分式 $\frac{13}{14}$、$\frac{8}{9}$、$\frac{13}{12}$、$\frac{10}{10}$、$\frac{20}{19}$、$\frac{20}{20}$、$\frac{23}{23}$，再在附表 1 克隆后的倒数 16 期中，找出上述各分式对应的所有红球，分

别为：5、19、20；4、16；8、10、15、19、20；10、15、17、21；11、32；18、27；1。

第四步，同项合并各红球，结果为5、19、20、4、16、8、10、15、17、21、11、32、18、27、1，即为所求的杀号。

［5］ $\eta x-x1440$ 模型

第一步，从红球 $\eta x-x1440$ 数据库中查出附表1第（n-1）期红球的 η_x，并进行克隆。

第二步，对克隆期取倒数16期并复制到附表2的“序2”上，从附表2最右端分表中，可查出汇总后的各分式中的分子、分母、出现总次数，如表5-27所示。

表5-27　$\eta x-x1440$ 数据库汇总后各分式中的分子、分母、出现总次数

分子	分母	总次数	分子	分母	总次数	分子	分母	总次数	分子	分母	总次数
20	20	1	27	26	1	19	19	5	28	28	4
24	24	10	33	33	2	23	22	1	24	23	2
23	25	3	29	29	8	36	35	2	15	15	3
0	0	0	23	23	8	21	21	2			

第三步，当 $N_{总}\neq 0$ 时，可按 $\eta x-x1440$ 单变量动态分式模型公式（5-21）找出符合条件的分式，只有 $\frac{36}{35}$，分式所对应的所有红球为1。

［6］ $\eta x-x2330$ 模型

第一步，从红球 $\eta x-x2330$ 数据库中查出附表1第（n-1）期红球的 η_x，并进行克隆。

第二步，对克隆期取倒数16期并复制到附表2的“序2”上，从附表2最右端分表中，可查出汇总后各分式中的分子、分母、出现总次数，如表5-28所示。

表 5-28　$\eta x-x2330$ 数据库汇总后各分式中的分子、分母、出现总次数

分子	分母	总次数	分子	分母	总次数	分子	分母	总次数	分子	分母	总次数
33	32	1	41	40	2	38	38	6	40	38	1
37	37	6	44	44	9	43	43	5	40	40	5
44	42	1	50	50	1	29	29	1	47	47	1
39	40	1	41	41	6	28	29	1	37	36	1
32	32	1	30	30	4	35	35	1	34	34	1
39	39	3	42	42	7	49	49	2	34	35	1
46	46	2	31	31	1	45	45	3	36	36	1

第三步，当 $N_{总}\neq 0$ 时，可按红球 $\eta x-x2330$ 单变量动态分式模型公式（5-22）找出符合条件的分式$\frac{50}{50}$、$\frac{47}{47}$、$\frac{49}{49}$、$\frac{46}{46}$，再在附表 1 克隆后的倒数 16 期中，找出上述各分式对应的所有红球 1、14、18、1、9、14、18、19。

第四步，同项合并各红球，结果为 1、9、14、18、19，即为所求的杀号。

汇总 $\eta x-x210$、$\eta x-x340$、…、$\eta x-x2330$ 模型所有的杀号且同项合并，结果为 1、4、5、8、9、10、11、14、15、16、17、18、19、20、21、27、32（共 17 个），即为可能不会被摇奖机摇出的红球。

2）红球双变量动态分式模型包括 $\eta x-x210$、$\eta x-x340$、$\eta x-x550$ 共 3 个模型，需逐一求解。

［1］$\eta x-x210$ 模型

第一步，从红球 $\eta x-x210$ 数据库中查出附表 1 第（n-1）期红球的 η_x、δx 并进行克隆。

第二步，对克隆期取倒数 16 期并复制到附表 2 的“序 2”上，从

附表 2 最右端分表中，可查出汇总后的各分式中的分子、分母、出现总次数，如表 5-29 所示。

表 5-29　红球 $\eta x-x210$ 数据库汇总的相关数据

分子	分母	总次数	分子	分母	总次数	分子	分母	总次数	分子	分母	总次数
4	4	10	2	2	6	6	5	6	6	5	5
3	2	3	4	3	4	5	4	4	7	5	3
4	6	4	3	3	5	5	5	5	1	2	1
6	6	4	7	5	1	2	3	2	3	5	3
8	1	1	5	6	2	6	4	1	3	4	2
3	1	1	5	7	2	4	2	1	1	3	1
9	5	1	8	3	1	7	7	1	6	7	1
4	7	1	5	8	1	8	9	1			

第三步，当 $N_{总} \neq 0$ 时，可按红球 $\eta x-x210$ 双变量动态分式模型公式（5-24）找出符合条件的分式 $\frac{7}{7}$、$\frac{8}{9}$，再在附表 1 克隆后的倒数 16 期中，找出这两个分式所对应的所有红球 1、14、13，同项合并为 1、13、14，即为不会被摇出的红球。

［2］$\eta x-x340$ 模型

第一步，从红球 $\eta x-x340$ 数据库中查出附表 1 第（n-1）期红球的 η_x、δx 并进行克隆。

第二步，对克隆期取倒数 16 期并复制到附表 2 的“序 2”上，从附表 2 最右端分表中，可查出汇总后的各分式中的分子、分母、出现总次数，如表 5-30 所示。

表 5-30　红球 $\eta x-x340$ 数据库汇总的相关数据

分子	分母	总次数	分子	分母	总次数	分子	分母	总次数	分子	分母	总次数
6	6	6	4	3	1	4	4	3	9	8	4
7	6	4	11	8	2	5	7	2	2	2	2
3	3	3	6	5	3	4	2	1	0	0	0
7	5	1	8	7	4	7	8	1			

第三步，当 $N_{总}\neq 0$ 时，可按红球 $\eta x-x340$ 双变量动态分式模型公式（5-25）找出符合条件的分式，显然一个符合条件的分式都不存在。

［3］ $\eta x-x550$ 模型

第一步，从红球 $\eta x-x550$ 数据库中查出附表 1 第（n-1）期红球的 η_x、δx 并进行克隆。

第二步，对克隆期取倒数 16 期并复制到附表 2 的“序 2”上，从附表 2 最右端分表中，可查出汇总后的各分式中的分子、分母、出现总次数，如表 5-31 所示。

表 5-31　红球 $\eta x-x550$ 数据库汇总的相关数据

分子	分母	总次数	分子	分母	总次数	分子	分母	总次数	分子	分母	总次数
6	6	2	8	8	3	7	7	4	9	9	5
15	15	2	10	9	2	14	13	1	8	10	1
13	13	3	8	11	1	10	7	1	4	4	1
8	7	2	11	10	4	9	10	2			

第三步，当 $N_{总}\neq 0$ 时，可按 $\eta x-x550$ 双变量动态分式模型公式（5-26）找出符合条件的分式，只有$\frac{15}{15}$。再在附表 1 克隆后的倒数 16 期中，找出分式$\frac{15}{15}$对应的所有红球 13、32，即为可能不会被摇奖机摇

出的红球。

汇总 $\eta x-x210$、$\eta x-x340$、$\eta x-x550$ 模型的所有杀号且同项合并，为 1、13、14、32（共 4 个），即为可能不会被摇奖机摇出的红球。

3）红球 $\eta x-x340$ 多变量动态分式模型（简称多变量分式模型）。红球多变量分式模型包括 $\eta x-x210$、$\eta x-x340$ 等共 4 个模型，但因各模型的临界时空条件都相同，3 个克隆变量（和值指数 ηx、极差 δx、红球 x_2）相同，所以只需任选一种模式。这里选用 $\eta x-x340$ 多变量分式模型，其公式为：

$$\begin{cases}\Delta\eta_x=0\\ \Delta\delta x=0\rightarrow 杀\begin{cases}M\leqslant 3\\ x_3、x_6\end{cases}\\ \Delta x_2=0\end{cases} \tag{5-27}$$

其中，x_2 指预测期倒数第 1 期 6 个中奖红球按从小到大排列的第 2 个红球，x_3、x_6 指克隆期 6 个中奖红球按从小到大排列的第 3、第 6 个红球，也是可能不会被摇奖机摇出的红球。

第一步，从红球 $\eta x-x340$ 数据库中查出附表 1 第（n−1）期红球的 η_x、δx、红球 x_2，并进行克隆。

第二步，对多变量克隆期取倒数 3 期，并置于附表 1 克隆后的左端（见表 5-32）。

表 5-32 克隆期取倒数 3 期的数据

开奖期	x_1	x_2	x_3	x_4	x_5	x_6	$\sum x$	δx	η_x
2019071	1	8	19	24	29	30	111	29	0.13
2021021	4	8	17	24	29	33	114	29	0.13
2021039	2	8	21	24	29	31	115	29	0.13

选出倒数 3 期（2019071 期、2021021 期、2021039 期）内的所有 x_3、x_6 红球，为 19、17、21、30、33、31（共 6 个），即为所求

的杀号。

汇总以上所有红球单变量、双变量、多变量动态分式模型预测的结果，2021040期可能不会被摇奖机摇出的红球为：1、5、9、18、32、10、20、16、4、15、19、8、11、27、17、21、14、13、30、31、33（共21个），那么33个红球中剩余的2、3、6、7、12、22、23、24、25、26、28、29共12个红球，就是可能会被摇奖机摇出的红球。

查得2021040期6个中奖红球为2、6、7、24、28、29，预测准确。

预测的目的是中奖，选出的12个红球虽然全覆盖了中奖的6个红球，起到了一锤定音的作用，但如何投注？如果用传统的排列组合方法，要投924注（C_{11}^{6}），需1848元，不符合“以小博大”的要求。要实现“保本盈利大奖”的目标，应采用混沌组合投注与33个红球选6个的直接投注两个方案，详见第七章。

回顾第二、第三、第四、第五章的彩票混沌与分形预测，无论是以理论驱动的结构性预测，还是以数据驱动的非结构性预测，无论是小数据的彩票混沌与分形预测，还是大数据的彩票混沌与分形预测，都充分体现了“彩票只能短期预测，而非长期预测”①。在各预测模型中，彩票的“短期预测”主要表现在以下两个方面：

第一，以彩号码为研究对象、以开奖期为平台的预测模型。这类预测模型的“短期”，指某期开奖后的连续13、14期，或某预测期的倒数13、14期。例如，红球倒数13、14期重号预测模型、蓝球倒数13、14期重号预测模型。

第二，以中奖次数和分式为研究对象、以克隆期为平台的预测模型。“分式”，指某彩球在既定时间内中奖次数N所构成的分式，当

① 详见《彩票大揭秘——彩票的混沌与分形》一书。

既定时间为开奖期平台时，分式表示为$\frac{N_{n-2}}{N_{n-1}}$；当既定时间为克隆期平台时，分式表示为$\frac{N_{m-1}}{N_m}$。这类预测模型的“短期”，又分为两种类型：

第一种类型以克隆和值指数 η_x 建立数据库，例如红蓝球动态分式变量模型，其中包括单变量、双变量和多变量各模型，“短期”都指克隆后的倒数 14 期（$M=14$），但要显示出分式必须加 2，即 $M=16$，故出现如下模型公式：

$$\begin{cases}\Delta\eta_x=0\\ M=16\end{cases}、\begin{cases}\Delta\eta_x=0\\ \Delta\delta x=0\\ M=16\end{cases}、\begin{cases}\Delta\delta x=0\\ \Delta x_1=0\\ M=16\end{cases}$$

第二种类型是在开奖期的基础上经过以下 5 次嵌套的更深层次的“短期”：①在开奖期上对倒数第 1 期（n-1 期）的和值指数 η_{xn-1} 进行克隆；②在克隆平台上寻找出预测期（n 期）的 6 个红球或 1 个蓝球；③以 n 期为数理统计的起点，在克隆平台上分别寻找等于预测期红球或蓝球的倒数各期；④分别以 210、340、550、890、1440、2330 期为不同周期，建立该红球或蓝球在各周期上的数据库 $\eta x-x150$、$\eta x-x210$、$\eta x-x340$、$\eta x-x550$、$\eta x-x890$、$\eta x-x1440$、$\eta x-x2330$；⑤再在这些数据库平台上进行各动态分式模型要求的克隆，并取倒数 16 期进行复制粘贴等。

显然，这类“短期”的分形点不再在彩票混沌时间序列 3、5、8、13、21、34、55、89、144、233…上，而是扩大了 10 倍，在 210、340、550、890、1440、2330 这些大数据上。计算实验表明，这时的“短期”因克隆和复制的不同，在 $\eta x-x210$、$\eta x-x340$、$\eta x-x550$、$\eta x-x890$ 模型中预测，远比在 $\eta x-x1440$、$\eta x-x2330$ 模型中预测表现更好。

（2）红球动态分式极大模型。红球动态分式极大、极小和重号模型，都不是基本预测模型，而是方案预测模型。也就是说，这些模型杀号个数不多，精确度不如基本预测模型，因此不能单一预测（详见第六章），但仍是从预测到中奖过程中不可缺少的一个环节，须掌握。

红球动态分式极大模型分为单变量和双变量两种。极大，指附表2最右边分表上各不同分式汇总后的次数 N 的值最大。运用分式极大模型预测时，当附表2中间分表上倒数第14期的某红球分式次数 N 等于汇总后的最大次数时，则在附表1倒数第1期中该最大次数分式对应的所有红球，即为可能不会被摇奖机摇出的红球。写成公式为：

$$\begin{cases}\Delta\eta_x=0\\ M=16\end{cases}\rightarrow 杀\begin{cases}N_{总}=最大\rightarrow\dfrac{N_{m-1}}{N_m}\\ \qquad\downarrow\\ \begin{cases}N=1\\ m_{14}\rightarrow x\ （倒1）\end{cases}\end{cases}\tag{5-28}$$

$N_{总}=最大\rightarrow\dfrac{N_{m-1}}{N_m}$，指附表2倒数16期汇总表上次数最大时的分式为$\dfrac{N_{m-1}}{N_m}$。$\begin{cases}N=1\\ M_{14}\rightarrow x\ （倒1）\end{cases}$，指在附表2倒数14期分表中第14期的6个红球中，如有且只有1个分式等于$\dfrac{N_{m-1}}{N_m}$，那么在附表1倒数第1期中，所有分式等于$\dfrac{N_{m-1}}{N_m}$的红球都是杀号 x。

公式的彩票意义为：对红球预测期（n期）的倒数第1期（n-1期）的和值指数 η_x 进行克隆，在对克隆期取倒数16期的平台上，选汇总后分式次数 N 最大的分式$\dfrac{N_{m-1}}{N_m}$，当倒数第14期中存在该分式且只出现 1 次（$N=1$）时，那么该分式对应的所有红球都是可能不会被摇奖机摇出的红球。

景气条件同 $\eta x-x340$ 单变量动态分式边缘模型。

操作步骤：因 $\eta x-x210$、$\eta x-x340$、$\eta x-x550$、$\eta x-x890$ 各模型的预测步骤相同，下面仅以 $\eta x-x340$ 模型为例进行介绍。

第一步，打开红球 $\eta x-x340$ 数据库，点击附表 1，找出第（n-1）期红球的和值指数 η_x，并进行克隆 $\Delta\eta_x=0$。

第二步，对克隆期取倒数 16 期并复制到附表 2 的“序 2”上。

第三步，在附表 2 最右边分表中，找出汇总后的次数 N 最大的分式$\frac{N_{m-1}}{N_m}$。

第四步，查附表 2 的中间分表，在倒数第 14 期的 6 个分式中只有 1 个等于该最大分式$\frac{N_{m-1}}{N_m}$时，方可进入第五步。

第五步，在附表 1 上的倒数第 1 期，找出该分式对应的所有红球，即为可能不会被摇奖机摇出的红球。

计算机操作同红球动态分式变量模型（克隆对象不一定相同）。

模型特点：①不用计算，只需查 2 个表；②操作较复杂；③杀号 3~11 个；④与季节有关；⑤半智能数据库。

半智能数据库设计：查 2 个表（附表 1 和附表 2）；②动态（克隆 1 个变量）；③选杀对象为分式。

（3）红球动态分式极小模型。红球动态分式极小模型也分单变量和双变量两种。极小，指附表 2 中间一个倒数 14 期的分表中，每期 6 个中奖红球，只寻找 x_2、x_5 的分式，当该分式的“次数 N 为最小（$N=1$），其分式的分子大于分母（$N_{n-2}>N_{n-1}$）”时，则作为选择杀号的标准。其公式为：

$$\begin{cases}\Delta\eta_x = 0 \\ M = 16\end{cases} \to 杀 \begin{cases} N = 1 \\ N_{n-2} > N_{n-1} \\ x_2、x_5 \end{cases} \quad (5\text{-}29)$$

公式的彩票意义为：对红球预测期（n 期）的倒数第 1 期（n-1 期）的和值指数 η_x 进行克隆，在对克隆期取倒数 16 期的平台上，又取 14 期进行检验，每期选 x_2、x_5 对应的分式“出现次数等于 1、分子大于分母的分式 $\frac{N_{m-1}}{N_m}$”，那么该分式对应的所有红球都是可能不会被摇奖机摇出的红球。

景气条件同 $\eta x-x340$ 单变量动态分式模型。

操作步骤：因 $\eta x-x210$、$\eta x-x340$、$\eta x-x550$、$\eta x-x890$ 各模型的预测步骤相同，下面仅以 $\eta x-x340$ 模型为例进行介绍。

第一步，打开红球 $\eta x-x340$ 数据库，点击附表 1，找出第（n-1）期红球的和值指数 η_x，并进行克隆 $\Delta\eta_x = 0$。

第二步，对克隆期取倒数 16 期并复制到附表 2 的“序 2”上。

第三步，在附表 2 的中间一个倒数 14 期的分表中，找出每期 6 个奖号的 x_2、x_5 所对应的、符合以下条件的分式：①每期 x_2、x_5 的分式次数 N 为最小（$N=1$）；②其分式 $\frac{N_{m-1}}{N_m}$ 的分子大于分母（$N_{m-1}>N_m$）。

第四步，在附表 1 的倒数 16 期中，逐期寻找所有符合上述 2 个条件的分式及其所对应的红球，即为可能不会被摇奖机摇出的红球。

计算机操作步骤同红球动态分式变量模型（克隆对象不一定相同）。

模型特点：①不用计算，只需查 2 个表；②操作较复杂；③杀号 1~8 个；④与季节有关；⑤半智能数据库；⑥非基本预测模型。

半智能数据库设计：①2 个表（附表 1 和附表 2）；②动态（克隆

1 个变量)；③选杀对象为分式$\frac{N_{m-1}}{N_m}$。

（4）红球动态分式重号模型。前面已经介绍，“重号”指在开奖过程中重复出现的这个号。重号模型是以彩号码 x 为自变量并在开奖时间轴的延续上所建立的预测模型。这里指的重号分式，不是以彩号码 x 为自变量，而是以彩号码出现次数的分式为自变量，并在分式的时间轴的延续上所建立的预测模型。

红球动态分式重号模型与红球动态双变量分式模型一样，只有 $\eta x-x210$、$\eta x-x340$、$\eta x-x550$ 共 3 个模型、5 种不同的临界时空条件，但 2 个克隆对象不同（极差 δx、红球 x_1）。其公式为：

$\eta x-x210$ 模型：

$$\begin{cases}\Delta\delta x=0\\ \Delta x_1=0\rightarrow\\ M=16\end{cases}\begin{cases}\left\{\frac{N_{m-1}\geqslant 5}{N_m=6}\right.\rightarrow 杀\begin{cases}N=1\\ x_n\end{cases}\\ \left\{\frac{N_{m-1}\geqslant 6}{N_m=7}\right.\rightarrow 杀\begin{cases}N=1\\ x_n\end{cases}\end{cases}\tag{5-30}$$

$\eta x-x340$ 模型：

$$\begin{cases}\Delta\delta x=0\\ \Delta x_1=0\rightarrow\\ M=16\end{cases}\begin{cases}\begin{cases}\left\{\frac{N_{m-1}\geqslant 4}{N_m=8}\right.\rightarrow 杀\begin{cases}N=1\\ x_n\end{cases}\\ \left\{\frac{N_{m-1}=7}{N_m=7}\right.\rightarrow 杀\begin{cases}N=1\\ x_n\end{cases}\\ \left\{\frac{N_{m-1}\geqslant 2}{N_m=9}\right.\rightarrow 杀\begin{cases}N=1\\ x_n\end{cases}\end{cases}\\ \begin{cases}\left\{\frac{N_{m-1}\geqslant 4}{N_m=10}\right.\rightarrow 杀\begin{cases}N=1\\ x_n\end{cases}\\ \left\{\frac{N_{m-1}\geqslant 4}{N_m=11}\right.\rightarrow 杀\begin{cases}N=1\\ x_n\end{cases}\end{cases}\end{cases}\tag{5-31}$$

$\eta x-x550$ 模型：

$$\begin{cases}\Delta\delta x=0\\ \Delta x_1=0\\ M=16\end{cases}\!\!\rightarrow\begin{cases}\left\{\dfrac{N_{m-1}\geqslant 13}{N_m=11}\right.\rightarrow 杀\begin{cases}N=1\\ x_n\end{cases}、\left\{\dfrac{N_{m-1}\geqslant 14}{N_m=12}\right.\rightarrow 杀\begin{cases}N=1\\ x_n\end{cases}\\ \left\{\dfrac{N_{m-1}\geqslant 15}{N_m=13}\right.\rightarrow 杀\begin{cases}N=1\\ x_n\end{cases}、\left\{\dfrac{N_{m-1}\geqslant 16}{N_m=14}\right.\rightarrow 杀\begin{cases}N=1\\ x_n\end{cases}\\ \left\{\dfrac{N_{m-1}\geqslant 17}{N_m=15}\right.\rightarrow 杀\begin{cases}N=1\\ x_n\end{cases}、\left\{\dfrac{N_{m-1}\geqslant 19}{N_m=17}\right.\rightarrow 杀\begin{cases}N=1\\ x_n\end{cases}\end{cases}\quad(5-32)$$

其中，N 指克隆的倒数 16 期汇总后不同分式出现的次数，N_m 指克隆的第 m 期某红球分式次数的分母，N_{m-1} 指克隆的第（$m-1$）期某红球分式次数的分母，$\dfrac{N_{m-1}}{N_m}$指克隆的第 m 期与第（$m-1$）期构成的分式，x 指红球。

公式的彩票意义为：对红球预测期（n 期）的倒数第 1 期（n-1 期）的极差 δx、红球 x_1 进行克隆，在对克隆期取倒数 16 期的平台上，当分式$\dfrac{N_{m-1}}{N_m}$出现上述各公式所对应的临界值时，那么这些分式$\dfrac{N_{m-1}}{N_m}$在倒数 16 期对应的所有红球，都是可能不会被摇奖机摇出的红球。

景气条件同 $\eta x-x340$ 单变量动态分式模型。

操作步骤：因 $\eta x-x210$、$\eta x-x340$、$\eta x-x550$ 各种模型的红球动态分式模型的步骤均相同，这里仅以 $\eta x-x210$ 模型为例进行介绍。

第一步，打开红球 $\eta x-x210$ 数据库，点击附表 1，找出第（n-1）期红球的极差 δx 和 6 个红球中数值最小的红球 x_1，并进行克隆$\begin{cases}\Delta\delta\mathrm{x}=0\\ \Delta x_1=0_1\end{cases}$。

第二步，对克隆期取倒数 16 期并复制到附表 2 的“序 2”上。

第三步，按 $\eta x-x210$ 动态分式重号模型公式（5-30）在附表 1 克隆的倒数 16 期中，找出所有符合各临界条件的杀号。

第四步，同项合并后的红球，即为可能不会被摇奖机摇出的红球。

模型特点：①不用计算，只需查 2 个表；②操作较简单；③杀号 1~9 个；④与季节有关；⑤包容性极大；⑥全智能数据库。

全智能数据库设计：①2 个表；②动态（克隆 2 个变量）；③选杀对象为克隆后的分式和次数。

计算机操作步骤同红球动态分式变量模型（克隆对象不一定相同）。

例题 12 试用红球动态分式极大、极小和重号模型对 2021040 期红球进行预测。

解 1 红球动态分式极大模型

红球动态分式极大模型也分单变量和双变量两种。无论极大模型是单变量还是双变量，其预测步骤、程序和使用的数据库、表格等与前面介绍的红球单变量、双变量动态分式模型完全相同，不同的是：①只有 $\eta x-x210$、$\eta x-x340$、$\eta x-x550$ 三种模型；②在表 2 最右端汇总表中的次数 N 取最大值。下面以单变量为例进行介绍。

第一步，分别打开红球 $\eta x-x210$、$\eta x-x340$、$\eta x-x550$ 数据库，点击附表 1，找出第（n－1）期红球的和值指数 η_x，并进行克隆 $\Delta\eta_x=0$。

第二步，对克隆期取倒数 16 期并复制到附表 2 的“序 2”上。

第三步，在附表 2 最右边的分表中，分别找出三种模型汇总后的最大次数的分式$\dfrac{N_{m-1}}{N_m}$：

$$\eta x-x210 \to N_{\max} \to \frac{4}{4}$$

$$\eta x-x340 \to N_{\max} \to 无$$

$$\eta x-x550 \to N_{\max} \to \frac{15}{15}$$

第四步，查附表 2 中间分表，在倒数第 14 期 6 个红球的 6 个分式中确认上述分式只出现 1 个。

第五步，查附表 1 中克隆后的倒数第 1 期。找出上述各分式所对应的所有红球如下：

$$\eta x-x210 \to \frac{4}{4} \to 4 \quad 9 \quad 10 \quad 13 \quad 16 \quad 22$$

$$\eta x-x550 \to \frac{15}{15} \to 13 \quad 15 \quad 21$$

用同样的方法可得双变量的三种模式汇总后的最大次数 $N_{\max}$ 的分式$\frac{N_{m-1}}{N_m}$为（详见例题 11）：

$$\eta x-x210 \to \frac{4}{4} \to 4 \quad 9 \quad 10 \quad 13 \quad 16 \quad 22$$

$$\eta x-x340 \to N_{\max} \to 无$$

$$\eta x-x550 \to \frac{15}{15} \to 13 \quad 15 \quad 21$$

同项合并红球单变量、双变量红球动态分式极大模型预测出的可能不会被摇奖机摇出的红球，结果为：4、9、10、12、13、15、16、21、22（共 9 个）。

查得 2021040 期 6 个中奖红球为 2、6、7、24、28、29，预测准确。

解 2　红球动态分式极小模型

红球单双变量动态分式极小模型与红球单双变量动态分式模型的

步骤和使用的数据库略有不同：①只有 $\eta x-x210$、$\eta x-x340$、$\eta x-x550$、$\eta x-x890$ 四种模型；②使用的不是附表 2 最右端汇总表，而是附表 2 中间一个分表；③按“次数 $N=1$、$x_n=x_2$ 和 x_5、分子 $N_{m-1}>$分母 N_m”的要求寻找出各倒数期及其分式。下面仍以单变量动态分式极小模型为例进行求解。

第一步，分别打开红球 $\eta x-x210$、$\eta x-x340$、$\eta x-x550$ 数据库，点击附表 1，找出第（n−1）期红球的和值指数 η_x，并进行克隆 $\Delta\eta_x=0$。

第二步，对克隆期取倒数 16 期并复制到附表 2 的“序 2”上。

第三步，在附表 2 中间一个倒数 14 期的分表中，只找每期 6 个奖号的 x_2、x_5 中符合以下条件的分式：①每期 6 个中奖红球的分式次数 N 为最小（$N=1$）；②其分式 $\frac{N_{m-1}}{N_m}$ 的分子大于分母（$N_{m-1}>N_m$）。即：

$\eta x-x210\rightarrow$无，$\eta x-x550\rightarrow$无，$\eta x-x340$ 倒 7 期$\rightarrow\frac{6}{5}$

第四步，在附表 1 的倒数 14 期分表中，逐期寻找所有符合上述 2 个条件的各倒数期及其分式，寻找各分式所对应的所有红球，即：

$$\eta x-x340\rightarrow\frac{N_{m-1}}{N_m}=\frac{6}{5}\rightarrow x=3、20$$

同样可得双变量动态分式极小模型预测出的可能不会被摇奖机摇出的红球：

$\eta x-x210\rightarrow$无

$\eta x-x340$ 倒 1 期$\rightarrow\frac{4}{3}\rightarrow x=4$、5，倒 7 期$\rightarrow\frac{9}{5}\rightarrow x=22$、25，倒 11 期$\rightarrow\frac{13}{7}\rightarrow x=13$

$\eta x-x550$ 倒 2 期$\rightarrow\frac{14}{13}\rightarrow x=6$，倒 4 期$\rightarrow\frac{10}{8}\rightarrow x=22$，倒 7 期$\rightarrow\frac{13}{11}\rightarrow x=$

25，倒 12 期→$\frac{10}{5}$→$x=16$

同项合并红球单变量、双变量动态分式极小模型预测出的可能不会被摇奖机摇出的红球，结果为 3、4、5、6、13、16、20、22、25（共 9 个）。

查得 2021040 期 6 个中奖红球为 2、6、7、24、28、29，错杀 1 个红球（6）。

解 3　红球动态分式重号模型

解红球动态分式重号模型与解红球单变量动态分式模型，除克隆对象不同外，其步骤、程序和使用的数据库、表格完全相同。下面按 $\eta x-x210$、$\eta x-x340$、$\eta x-x550$ 模型分别求解。

［1］$\eta x-x210$ 模型

第一步，从红球 $\eta x-x210$ 数据库中查出附表 1 第（n−1）期红球的极差 δx 和 6 个红球中数值最小的红球 x_1，并进行克隆 $\begin{cases}\Delta\delta x=0\\ \Delta x_1=0_1\end{cases}$；

第二步，对克隆期取倒数 16 期并复制到附表 2 的“序 2”上，从附表 2 最右端分表中，查出汇总后的各分式中的分子、分母、出现总次数，如表 5-33 所示。

表 5-33　$\eta x-x210$ 数据库克隆期取倒数 16 期的相关数据

分子	分母	总次数	分子	分母	总次数	分子	分母	总次数	分子	分母	总次数
3	4	4	2	4	2	3	2	4	1	4	1
5	2	2	3	3	4	4	0	1	2	1	8
1	3	3	2	0	1	2	3	2	1	2	3
1	0	1	5	0	1	5	1	1	2	2	9
6	0	1	6	1	3	4	5	6	6	6	1
4	2	1	4	4	7	1	1	3	7	4	1

续表

分子	分母	总次数	分子	分母	总次数	分子	分母	总次数	分子	分母	总次数
5	5	3	5	7	1	4	3	2	7	7	1
4	1	1	3	1	2	7	2	1	6	4	1
4	0	1									

第三步，按 $\eta x-x210$ 动态分式重号模型公式（5-30）找出符合条件的分式$\frac{6}{6}$、$\frac{7}{7}$，再在附表1克隆后的倒16期中，找出这2个分式对应的所有红球：

$$\frac{6}{6}\rightarrow 1、15；\ \frac{7}{7}\rightarrow 12$$

即1、15、12都是可能不会被摇奖机摇出的红球。

［2］$\eta x-x340$ 模型

第一步，从红球 $\eta x-x340$ 数据库中查出附表1第（n-1）期红球的极差 δx 和6个红球中数值最小的红球 x_1，并进行克隆$\begin{cases}\Delta\delta x=0\\ \Delta\ x_1=0_1\end{cases}$。

第二步，对克隆期取倒数16期并复制到附表2的“序2”上，从附表2最右端分表中，可查出汇总后的各分式中的分子、分母、出现总次数，如表5-34所示。

表5-34　$\eta x-x340$ 数据库克隆期取倒数16期的相关数据

分子	分母	总次数	分子	分母	总次数	分子	分母	总次数	分子	分母	总次数
5	7	2	3	6	3	4	4	6	4	8	1
3	3	5	5	6	3	3	4	4	5	0	2
2	3	2	2	4	3	3	0	1	2	2	6
2	6	1	0	0	0	1	1	2			

第三步，当 $N_{总}\neq 0$ 时，可按 $\eta x-x340$ 动态分式重号模型公式

（5-31）找出符合条件的分式$\frac{4}{8}$，再在附表 1 克隆后的倒数 16 期中，找出这个分式对应的所有红球（$\frac{4}{8}$→17、32），即为可能不会被摇奖机摇出的红球。

［3］ $\eta x-x550$ 模型

第一步，从红球 $\eta x-x550$ 数据库中查出附表 1 第（n-1）期红球的极差 δx 和 6 个红球中数值最小的红球 x_1，并进行克隆$\begin{cases}\Delta\delta x=0\\ \Delta x_1=0_1\end{cases}$。

第二步，对克隆期取倒数 16 期并复制到附表 2 的“序 2”上，从附表 2 最右端分表中，可查出汇总后的各分式中的分子、分母、出现总次数，如表 5-35 所示。

表 5-35　$\eta x-x550$ 数据库克隆期取倒数 16 期的相关数据

分子	分母	总次数	分子	分母	总次数	分子	分母	总次数	分子	分母	总次数
6	13	1	4	6	2	5	8	1	6	9	1
4	11	1	4	15	1	4	5	3	8	8	4
3	4	2	8	0	1	5	4	3	4	4	4
2	5	1	3	2	2	4	9	2			

第三步，当 $N_{总}\neq 0$ 时，可按 $\eta x-x550$ 动态分式重号模型公式（5-31）寻找符合条件的分式。显然不存在符合条件的分式。

同项合并 $\eta x-x210$、$\eta x-x340$、$\eta x-x550$ 模型预测的红球，结果为 1、12、15、17、32，即为可能不会被摇奖机摇出的红球。

查得 2021040 期 6 个中奖红球为 2、6、7、24、28、29，预测准确。

※二、分形极值模型

分形极值，指该模型运用的是彩票分形属性分数维极值。极值，指分数维的最大和最小值。红蓝球分形极值模型，就是运用彩票分数维 $d=0.44\sim0.66$ 的空间极值来驱动并进行预测的模型。由于红球与蓝球分形极值模型的公式、预测完全相同，所以下面就该模型建立的理念、模型设计、景气条件的判别、极值模型的公式、步骤等进行统一介绍。

1. 模型理念

分形极值预测模型简称分形极值模型。分形极值模型建立的理念与分式预测模型一样，都是以数据驱动，以中奖次数、中奖分式为对象，从动态的角度，适当选择变量，在 $M=13$、14、21、34 的混沌时间序列 4 个分形点上，建立起大数据、多变量的半智能和全智能预测模型。

建立分形极值模型与分式模型所不同的是：驱动方式不同，分式模型用主变量 η_x 驱动，分形极值模型不仅用核心变量 δx 驱动，还运用了“7 期小循环”的彩票混沌运动性质和彩票分数维 $d=0.44\sim0.66$ 的空间极值来驱动①。也就是说，无论红球还是蓝球，凡是摇奖机摇出的彩球，其彩票分数维都在 $d=0.44\sim0.66$ 之间；凡是分数维大于 0.66 和小于 0.44 的彩球，一般都很难被摇奖机摇出来。所以，要预测红球或蓝球的杀号，可在分数维 $d=0.44\sim0.66$ 之外的空间寻找。为了落实分数维的对象、简化预测空间、提高精确度，首先要设定一个分形极值模型的如下预测平台：

（1）在预测期的倒数第 1 期的和值指数 η_x 和极差 δx 的克隆期中进行；

（2）在克隆期中的倒数 m 期内，依次取倒数“7 期小循环”；

（3）在倒数“7 期小循环”中找出各彩球的分式中最大次

① 详见《彩票大揭秘——彩票的混沌与分形》一书。

数 $N_{max}^{1\sim7}$；

（4）在 0.66 和 0.44 相邻处分别设定权重 ω、σ（预测前测试）。

其中，$\omega=+1$、$+2$、$+3$，$\sigma=\begin{cases}+1\\-1、-2、-3\end{cases}$

计算实验表明，凡是等于 $N_{max}^{1\sim7}\times\begin{cases}0.66+\omega\\0,44-\sigma\end{cases}$ 的某彩球 x 的中奖次数 N 均可杀掉，即：

$$N=N_{max}^{1\sim7}\times\begin{cases}0.66+\omega\\0,44-\sigma\end{cases}\rightarrow x$$

2. 模型的设计（在计算机帮助下，完成以下设计）

（1）以极差 δx 为核心变量，用彩号码 x、极差 δx、中奖次数 N、克隆期数 M、倒数 7 期最大次数 $N_{max}^{1\sim7}$、权重 $\omega.\sigma=\pm1$、±2、±3 共 6 个变量。建立以下 5 个嵌套层次和与初始条件“时域相同、演化形式相似、运动范围相近”的映射体系：

（a）$\begin{cases}\delta x\\x_1\text{ 或蓝球 }x_{n-1}\end{cases}$

（b）$\begin{cases}\Delta\delta x=0\\\Delta x_1=0\\M\end{cases}$

（c）$\begin{cases}M=7\\N_{max}^{1\sim7}\end{cases}$

（d）$N_{max}^{1\sim7}\times\begin{cases}0.66\\0,44\end{cases}$

（e）$N_{max}^{1\sim7}\times\begin{cases}0.66\pm1、\pm2、\pm3\\0,44\pm1、\pm2、\pm3\end{cases}$

（2）在克隆$\begin{cases}\Delta\delta x=0\\ \Delta x_1=0\end{cases}$平台上，进行 $M=13$、14、21、26、28、34、42、68，共 16 种不同模型的预测。

（3）每个模型的数据库都设计了 3 个表（附表 1、附表 2、附表 3），为了寻找预测期倒数 7 期的最大次数 $N_{\max}^{1\sim7}$，在附表 1 上复制 $M=16$ 时必须加 7 后（$M=16+7=23$）再粘贴在附表 2 上，同样在附表 1 上复制 $M=23$ 时必须加 7 后（$M=23+7=30$）再粘贴在附表 2 上，这时计算机将自动在附表 3 上显示出倒数 7 期最大次数 $N_{\max}^{1\sim7}$。

（4）在克隆后的等价期，取 $m=5$ 或 $m=7$ 两套计算路径，呈现两个不同的预测结果，供读者选择。

3. 景气条件

分形极值模型的景气条件有 4 个：

①$\eta_{xn-1}=0.09\sim0.21$；②$m\geqslant38$，$\Delta x-x_1\geqslant24$；③$\overline{\overline{\sum_{n-1}^{6}h}}\geqslant6$；④$\sum_{n-1}^{6}x\geqslant100$。

根据上述理念、模型的设计和前面介绍的多变量黑洞模型的特点，可建立分形极值黑洞预测模型（感兴趣的读者，可以此为基础开花结果并更上一层楼）。

第六章

彩票混沌与分形预测的方案

彩票混沌与分形预测的方案很多，本章重点介绍“保本盈利大奖”投注方案。这个方案充分体现了“多变量、多模型”的全方位、综合预测理念。要掌握并运用好这个方案，应坚持“三个原则”（把静态预测与动态预测结合起来、把单一预测与组合预测结合起来、把定量预测与定性预测结合起来），正确处理好“四个关系”（杀号预测与选号预测的关系、静态预测与动态预测的关系、单一预测和组合预测的关系、预测与中奖的关系）。定量预测与定性预测的关系已在《彩票大揭秘——彩票的混沌与分形》一书详细介绍，下面仅就杀号预测与选号预测的关系、静态预测与动态预测的关系、单一预测和组合预测的关系、预测与中奖的关系和“三个原则”进行介绍。

第一节　彩票的选号预测方案和杀号预测方案

选号预测方案，指汇总各预测模型选出的预选号码。杀号预测方案，指汇总各预测模型选出的杀号号码。选号预测方案和杀号预测方案各有利弊，选号预测方案的优点是精确度和覆盖率高，但缺点是随着选用模型的增加，选号的个数越选越多，不仅增加了排列组合和优化的难度，还因中奖次数的统计，增加了计算的复杂性。杀号预测方案的优点是选号个数越杀越少，易于排列组合或自然优化，但精确度不稳定，如蓝球错杀一个便丢掉一等奖。

计算实验表明，一般应以杀号预测方案先行，并以基本杀号为主体，选出预选基本号（红球 11~15 个、蓝球 5~8 个），再用其他模型把杀号预测方案与选号预测方案结合起来，优选出红球 6~10 个（含 4~6 个中奖红球），蓝球 1~3 个（含 1 个中奖蓝球），灵活运用彩票混沌组合、彩票指数优化功能等对彩票注进行筛选和优化，进而实现“以小博大”“投资少、风险小、效益高”的目标。

第二节　彩票的静态预测和动态预测方案

一、彩票的静态预测

“静态”，分绝对“静态”和相对“静态”两类。绝对“静态”，指运动变化的时间 $\Delta t=0$，就是说静态预测模型与时间无关，过去可用的模型，现在和将来任何时间都可以运用；相对“静态”，指预测模型的预测结果与时间有关，“相对”，指开奖期随时间而变化，“静态”，指不克隆。

这种模型最大的优点是：简单、直观、省事、易入门、一劳永逸。

主要缺点是：不具有动态的时变性，覆盖率较低。

彩票的相对“静态”预测模型，有红蓝球重号预测模型（详见第四章）、红蓝球分式静态预测模型（详见第五章）等。绝对“静态”预测模型，有蓝球的分形预测模型、蓝球的 η_x 预测模型（详见第四章）及守株待兔的预测、混沌边缘预测等。守株待兔的预测在《彩票大揭秘——彩票的混沌与分形》一书已做介绍，混沌边缘预测在第二章已做扼要介绍，这里就“混沌边缘”的内涵再做以下补充，以便大家对“静态”有更深刻的认识。

※“混沌边缘”（LeWin）又称“自组织临界性”，指“在这个层次的行为中，该系统的元素从未被完全锁定在一起，但也从未解体到骚乱的地步”。美国俄勒冈大学的研究团队在探讨 BZ 反应的化学细节的过程中建立起著名的“俄勒冈模型”（Oregonator），科学家们通过对这一模型的研究发现，当“到达某个临界点时，振荡的模式将变得更复杂，……将出现类似水龙头……的一连串倍周期，周期模式将愈来愈不明显，系统将越过边际，进入混沌”。“一切有趣的情况都发生在混沌边缘”，都发生在“混沌产生之前的一刹那”，“超过了周期 4 之后一切都在一瞬间发生”。美国杜克大学博士、北卡罗来纳州立大学教授陈洪为了生动形象地刻画了这一现象，他引述了著名理论物理学家朗道的表述，“朗道把混沌边缘比喻成一片无穷薄的膜片，这是个从混沌中分离出秩序的特殊区域。就像海水的表面只不过是以一个水分子的厚度分隔水和分子一样，混沌是海水，混沌边缘如海洋的表面，进入这个表面的分子不得不以整齐的方式排列，并随着海水的波涛以无穷无尽的方式尽显其复杂性和适应性”。

通俗来说，“混沌边缘”具有两个最明显的方面：一方面表现出复杂性和无序性，另一方面又显示出适应性和有序性。混沌边缘预测，就是要紧紧抓住“进入这个表面的分子不得不以整齐的方式排列”这一有序的特点，把预测落实在有序上。事实上，彩球在摇奖机中运动，被按顺序摇出并按开奖期从小到大排列，也表现出类似“俄勒冈模型”出现的“混沌边缘”现象，即在彩票的混沌时间序列 5、

8、13、21、…及其“±1、±2、±3、±4、±5、±6、±7”附近，总存在奖号集中域和死角。例如第 n 期的 6 个中奖红球和 1 个蓝球，一般不存在倒数 8 期、10 期的红球 x_4 和倒数 20 期、倒数 24 期、倒数 26 期、倒数 27 期的蓝球。如 2011074～2011083 期共 14 个连续开奖期，可通过红蓝球指数统计表，分别查出第 n 期倒数第 8 期、10 期由小到大排列的第 4 个红球 x_4 和倒数第 20 期、24 期、26 期、27 期的蓝球，如表 6-1 所示。

表 6-1　倒数 8 期、10 期的红球和倒数 20 期、24 期、26 期、27 期的蓝球

n	红球								蓝球				
	n-8	n-10	x_1	x_2	x_3	x_4	x_5	x_6	n-20	n-24	n-26	n-27	x
2011074	17	29	2	21	26	28	29	32	8	15	15	14	1
2011075	24	25	7	9	10	12	31	32	16	14	14	15	13
2011076	15	17	6	19	21	26	32	33	10	8	15	14	13
2011077	18	24	1	7	8	15	26	29	2	15	14	15	10
2011078	12	15	2	5	13	20	22	29	6	8	8	14	9
2011079	22	28	3	14	15	16	24	29	16	16	15	8	5
2011080	11	12	2	7	9	25	31	32	1	10	8	15	9
2011081	12	22	6	14	19	23	25	32	3	2	16	8	12
2011082	28	11	7	16	17	20	25	26	3	6	10	16	4
2011083	12	12	7	16	18	24	28	19	5	16	2	10	6

注：x_1、x_2、x_3、x_4、x_5、x_6 和 x 分别代表每期由小到大排列的中奖 6 个红球和蓝球。

可见，在连续 10 期中红球共杀号 20 个，错杀 1 个，准确率为 95%；蓝球共杀号 40 个，100%准确。这充分说明，利用彩票系统的这种“静态”混沌边缘现象，可对第 n 期的彩球进行杀号预测。当然，这种静态的预测存在一定的主观性和经验性，所以必然存在一定的局限性和误差，必须与定量的预测结合起来进行综合预测。不过在关键时刻，一个准确的杀号也存在一锤定音的奇效。

由于蓝球的平均涨落高度和涨落强度比红球大，平均涨落温度比红球低，彩票综合指数的正负反转不如红球快，说明蓝球的有偏循环在时间上比红球长，空间上比红球大；涨与落、折叠与拉伸、正反馈与负反馈转换的力度比红球小；非周期波动的平均振幅比红球大，频率比红球小。或者说，蓝球的能量和信息的交换速度比红球慢，蓝球保守固有运动状态的惯性比红球大，因此蓝球涌现出的有偏行为比红球长，内随机性、自组织临界性、非线性回归性、非线性还原性等都比红球突出。概括为一句话，蓝球比红球更容易预测，蓝球静态预测的误差比红球小得多。

混沌理论诞生40多年来，无论在化学、生物、物理等自然科学领域，还是在经济、金融等社会科学领域，科学家们都证实了混沌边缘现象的广泛存在，这些有趣的现象都发生在混沌之前的一刹那间，即发生在周期4之后的一瞬间。这些研究启示我们，彩票预测的着力点应放在自组织临界状态，放在既“没有被完全锁定”，又“从未解体到骚乱”的混沌边缘。这个结论，对于国内外任何乐透型彩票都具有普适性。要科学预测乐透型彩票，控制参数μ的值永远不能大于4周期点的3.5，这也是彩票混沌与分形预测的极限。

二、彩票的动态预测

“动态”指运动变化的时间$\Delta t \neq 0$，也就是说，动态预测模型与时间有关，具有动态的时变性，覆盖率较高。主要缺点是：较复杂、难掌握。

彩票的动态预测主要采用彩票的景气和走势模型、克隆预测模型、分式动态预测模型等。为了让读者加深对“动态”内涵的理解，下面再解剖一个突变预测。

所谓“突变”，就是分叉点上发生的系统定性的“质”变。彩票是一种非线性现象，彩球在摇奖机中运动，当控制参数μ增大到3以上，也会产生一次又一次的倍周期分岔现象，即彩票的混沌运动也存在突变现象。要特别注意，这种现象在动态预测时常发生在远离状态变量或彩票指数平均值的重大“转折点”。例如极热、极冷、混沌边缘、迭代4次前后、$\mu \to \mu_\infty$的瞬间、返转区、“冷→热”和“热→冷”的转折点等。还要注意掌握以下各参数的突变预测，如表6-2所示。

表 6-2　红球和蓝球各参数的突变情况

红球	蓝球
$0.08 \geqslant \eta_x \geqslant 0.31$ $15 \geqslant \delta x \geqslant 26$ $74 \geqslant \sum^6 x \geqslant 136$	$0.34 \geqslant \eta_x \geqslant 3.0$ $10 \geqslant \delta x \geqslant 16$ $99 \geqslant \sum^6 x \geqslant 139$
$0.06 \geqslant \eta_h \geqslant 0.38$ $2 \geqslant \delta h \geqslant 14$ $27 \geqslant \sum^6 h \geqslant 37$	$0.05 \geqslant \eta_h \geqslant 0.26$ $28 \geqslant \delta h \geqslant 71$ $145 \geqslant \sum^6 h \geqslant 321$
$\Delta\eta_x \geqslant 0.03$ $\Delta\delta x \geqslant 24$ $\Delta \sum^6 x \geqslant 10$ …	$\Delta\eta_x \geqslant 0.10$ $\Delta\delta x \geqslant 14$ $\Delta \sum^6 x \geqslant 12$ $hn \geqslant 23$ …

在预测中，如果时时注意上述突变点，则很容易发现各动态预测模型的运动趋势和适用条件。特别是在极不稳定的多变量预测模型中，如果掉进这些突变点的深渊，将造成灾难性的后果。也许正是因为极不稳定，任何一个变量只要在突变点或在其附近，都会引起巨大变化，就像亚马孙河一只小小的蝴蝶扇翅膀，将在得克萨斯州引起一场龙卷风一样。

无论是静态预测还是动态预测，如果作为方案，则必须有一定的期望值，任何期望值都与预测的精确度和覆盖率联系在一起，精确度决定着选杀号，覆盖率决定着中奖。因此，要中奖就必须把静态预测与动态预测结合起来，进行资源整合，优势互补，灵活机动地组合成具有一定期望值的动静态结构。这是建立“保本盈利大奖”预测方案的第一个原则。

第三节 彩票的“保本盈利大奖”预测方案

一、单一预测和组合预测

2003年，中国科学院专门立项对“组合预测”进行了卓有成效的研究。汪同三教授、张涛博士等在《组合预测——理论、方法及应用》一书中对这项研究做了专门介绍。他们认为，对于复杂的现象，人们往往从不同的角度提出不同的假设，采用不同的单项预测方法对同一预测问题建立多种预测模型。目前常用的单项预测模型有时间序列预测模型、回归分析预测模型、随机时间预测模型、灰色预测模型和季节变动时间序列预测模型。这些模型有一些共同的特点：①各自占有独立的有用信息；②各单项预测模型之间相互联系、相互补充，但不相互排斥；③有少数模型之间存在包容性，但绝不存在替代性；④当把各单项模型组合起来，可增加系统的预测性能。

为了提高预测精确度和可信度，我们在彩票的混沌和分形预测中，常把结构预测模型和非结构预测模型“组合”起来，进行组合预测[①]（Forecast Combinationor Combined Forecast）。科学的组合预测是把不同的预测模型组合起来，综合利用各单项预测提供的信息，以适当的加权平均形式得出组合预测模型。组合预测具有以下特点：①组合预测的基本思想是不同的预测方法预测的精确度不同，但不同的预测方法往往能提供不同的有用信息，如果简单地将一些方法舍弃掉，就可能丢失一些有用信息。②组合预测应包括信息的组合、方法的组合和预测结果的组合。③组合预测中最关键的是如何求出加权平均系数，以使组合预测更加有效地提高预测的精确度。④组合预测的效果通常优于单一预测。⑤组合预测的精确度与被组合的单一预测的数量和质量都有关系。通常情况下，增加单一预测的数量能提高预测的精确度，但要避免饱和性和包容性。组合存在饱和的问题，当单一预测方法达到一定数量后，额外增加的方法不但不能提高精确度，有时反而会降低精确度。另外，“只有相互间不具备包容性的模型进行组合才能取得更好的效果”。⑥组合预测同单一预测一样，预测的前提都是对预测的结果做“无偏估计”，而现实的情况是“很多单一预测都是有偏的”，在这种情况下，组合预测也摆脱不了有偏的结局。

为此，一般采用两种办法：①修正有偏的单一预测模型的参数；②直接利用单一预测的偏差，计算组合权重。

彩票的混沌与分形预测既有单一预测，也有组合预测。一般首先进行多项单项预测，并用权重自适应调整参数修正偏差；再用非严格意义上的组合预测，合并各单项预测结果，进行综合预测。彩票预测的期望值与经济预测、生态预测的期望值根本不同，彩票预测的根本目的是中奖，预测结果必须符合游戏规则的要求，达到100%的覆盖率，不存在“大概”“近似”“小数”。因此，对各项预测的要求是

① 本书所说的“组合预测”并非严格科学意义上的组合预测（详见后述）。

“选号数量准确”，“选号质量精确”（达到彩票游戏规则的要求）。所以权重的选择放在第一步“单一预测”，而不是第二步“组合预测”。总而言之，把单一预测与组合预测结合起来，是建立“保本盈利大奖”预测方案的第二个原则。

二、多模型的全方位综合预测

建立“保本盈利大奖”预测方案的第三个原则是要把定量预测与定性预测结合起来，进行多模型的全方位综合预测。乍一看，上下册介绍的几十个模型显得眼花缭乱（本书介绍 17 个模型），但实际上，有的模型因系统噪声大而只具有理论意义，如 K_h 模型、倒 23、11 重号模型；有的模型因时间噪声大，很不稳定，只具有启发性，如间隔模型；有的模型因大数据噪声，操作十分复杂，实用性较低，但具有研究性，如分形极值模型。所以现阶段真正用于实战的只有十几个模型。由于彩票混沌系统存在固有的蝴蝶效应和有偏游动，各预测模型之间不可避免地存在饱和性和包容性，红球除基本预测模型在景气期可杀号 20 个左右外，一般模型每期能准确杀号的个数为 3~15 个，这样 33 个红球至少需 4~9 个不同模型才能选出 6~10 个预选号码（含 4~6 个中奖红球），所以一定要坚持进行多模型的全方位综合预测。至于蓝球，由于其非线性相互作用比红球小，更容易预测，一般只需选出 3~7 个不同模型即可从 16 个蓝球中选出 1~3 个预选号码（含 1 个中奖蓝球）。

要中奖，选（杀）号预测是重中之重，所以需进一步把模型归类，把诸多选（杀）号预测模型分为两大类：第一类是基本预测模型；第二是类方案预测模型。

红球基本预测模型：

（选出基本预选号）→
- 方案预测模型→彩票注优化模型→投注（方案一）
- 方案预测模型→彩票注优化模型→投注（方案二）
- 方案预测模型→彩票注优化模型→投注（方案三）
- ……

蓝球基本预测模型：

（选出基本预选号）→
- 方案预测模型→投注（方案一）
- 方案预测模型→投注（方案二）
- 方案预测模型→投注（方案三）
- ……

投注方案可以有多个，但一般1~3个即可。

基本预测模型的特点是：①选杀号准，覆盖率可达100%，精确度高（≥67%）。②杀号多，每个模型杀号5~8个最佳（一般杀号个数≥10时，精确度降低）。③与冷号无关或者受冷号影响较小。④捕捉的信息差异大，且越大越好（以避免饱和性，即“同号合并”后“模型多，杀号少”）。⑤基本预测模型整体涌现的最佳效果是，红球选号总数为11~15个（杀号22~18个），覆盖率100%（含6个奖号），精确度67%~100%（含4~6个奖号，并以5~6个为主）；蓝球选号总数为1~4个（杀号12~15个），覆盖率100%（含1个奖号）。

具有以上特点的基本预测模型有红球单变量、双变量、多变量分式动态预测模型，蓝球单变量、双变量分式动态预测模型和分形模型，必须熟练掌握。

方案预测模型的特点是：①杀号个数多（红球≥6个，蓝球为1~3个）。②红、蓝球覆盖率100%，红球精确度≥83%（最多错杀1个红球）。③包容性最小，与基本预测模型无相同信息。④这时往往与冷号有关或者系统和非系统噪声较大。⑤方案预测模型不在数量多，而在精。

实战中，红球的方案预测模型有动态分式极大模型、动态分式重号模型、动态分式极小模型、红球静态分式模型、倒 14 期重号模型、η_x 静态直杀模型、走势模型和定性模型。蓝球的方案预测模型有蓝球静态分式模型、η_x 静态直杀模型、倒 14 期重号模型、静态间隔模型、走势模型和定性模型等。

这样，在基本预测模型选出基本预选号码的基础上，通过方案预测模型和混沌组合等对彩票注进行优化，可优选出 1 个最佳投注方案（最多 2~3 个方案），实现“以小博大”的目标。

三、“保本盈利大奖”预测

彩票的混沌与分形预测像天气预报一样具有季节性，不可能天天都是好天气，所以不建议期期投注，也不可能期期中奖。也就是说，任何科学的预测在具有非周期性的混沌吸引子面前，既没有“上帝”，也没有“神仙”，更没有“命运”，任何人不可能不受到“不可抗拒”的系统噪声的干扰。所以“保本”不是一个绝对的概念，而是一个相对的概念；不是一个“每期”的概念，而是一个“平均”和“累加”的概念。也就是说，“保本盈利大奖”指在一定的时间内“保本盈利大奖”；指在一定的开奖期内，亏损资金总额应等于（保本）或小于（盈利）奖金总额。根据彩球季节性的趋势，对于小数据模型，一般迭代 7 次左右为一个小的非周期循环，在这个循环中一般有 1~3 次最佳预测期。对于大数据模型，特别是动态分式模型，由于景气条件要求高，有时在这个循环中一个最佳预测期都不存在，甚至 3~8 个循环才出现 1 个最佳预测期，特别是红球。何况只有红球、蓝球同步景气才可能获得一等奖。所以，彩票混沌与分形预测的结果一般是“小奖多，中奖不断，大奖有望”。

根据“保本盈利大奖”的下限要求，其精确度（指选杀号）和覆盖率（指排列组合）应立足于保10元的五等奖（4个中奖红球或3个中奖红球、1个中将蓝球）。也就是说，“保10元，力争200元以上”的奖，是“保本盈利大奖”方案的基本要求，而“保10元”的奖是最起码的要求。因此，存在以下3个方案：

（1）选准红球3个（精确度≥50%），选准蓝球1个（覆盖率100%）。

（2）选准红球4个（精确度≥50%），误杀蓝球。

（3）选准红球4个以上（精确度≥67%），选准蓝球1个（覆盖率100%）。当然，对于新手来说，保“5元”的奖是最起码的要求（只需选准蓝球）。

为了满足以上要求，根据上述基本预测模型和组合预测模型的特点，“保本盈利大奖”预测方案的程序如下。

（一）选杀号程序

基本预测模型

（选出基本预选号，红球10~15个，蓝球2~4个）

↓

方案预测模型（定量）→经验模型（定性）
方案预测模型（定量）→经验模型（定性）

（红球选号6~9个，蓝球选号1~2个）

↓

混沌组合、彩票注优化→投注（方案一）
混沌组合、彩票注优化→投注（方案二）

（红球选号6个，蓝球选号1~2个）

（二）彩票注优化程序

彩票优选号码→混沌组合→彩票注优化 {彩票注 Q_n 选择模型；彩票指数的优化模型；彩票混沌边缘模型}

（详见第二章）

（三）“保本盈利大奖”预测方案的特点

第一，红球选号个数在9个以下或10个以下，蓝球在2个以下。

第二，从选号到投注有两个途径：①混沌组合投注。把10~15个红球再压缩到7~9个，通过混沌组合→彩票注优化，最后进行投注。蓝球终选1~2个。每期平均投注6~24元，那么“以小博大”是成功的。因为照此延续下去，总有一次“可能”中二等奖；总有一次“机会”，可获一等奖。所谓“可能”，指红球覆盖率87%、蓝球覆盖率100%；所谓“机会”，指预测中的所有模型都实现了两个百分之百，即精确度趋于100%、覆盖率达到100%。这就是说，作为预测下限的要求，其精确度和覆盖率应立足于保200元的四等奖（5个中奖红球或4个中奖红球、1个蓝球）。为此，在覆盖率均达到100%的前提下，存在以下3个方案：一是选准红球4个（精确度≥67%）、选准蓝球1个（精确度100%）；二是选准红球5个（精确度≥84%），误杀蓝球；三是选准红球5个以上（精确度≥67%）、选准蓝球1个（精确度100%）。②直接投注。把7~9个红球再压缩到6个，蓝球压缩到1~2个进行投注。每次投注2~4元。作为预测下限的要求，其精确度和覆盖率应立足于保5元（1个中奖蓝球），力争10元以上（3个中奖红球、1个中奖蓝球）的奖。而保5元的奖是最起码的要求。

第三，为了增加杀号个数，应尽可能灵活机动地用完、用尽各直杀模型，尽可能多使用克隆模型，多方案运用组合预测。

第四，一般而言，无论是基本预测模型还是方案预测模型，选用的模型个数越多，杀号也越多，但误杀的机会也会增多，所以应通过计算实验（有条件的可借助计算机）掌握一个“度”——最优化点。

第四节　彩票预测能力的检验

任何预测都有必要进行预测能力的检验。预测能力的检验应着眼于预测的结果而不是预测的过程。预测结果就是预测的“产品”，其合格还是不合格具体表现在预测值上。要检验预测结果与实际是否一致，若两者不一致，则应进行自适应调整。当然，由于数据的时变性、样本的波动性和权重的非稳健性，任何预测值一般不可能存在零误差，特别是非线性的、远离平衡的、复杂的彩票系统更难做到零误差。因此，预测能力的检验，首先要寻找误差的原因，其次要提出避免误差或尽量减小误差的方法，最后要正确地处理好“预测与中奖”“亏损与保本、盈利”的关系，最大限度地接近零误差。

一、预测误差

彩票系统的预测误差包括系统误差和非系统误差。系统误差又称非随机误差，由预测模型本身的结构引起，不受随机因素的影响。通常，系统误差是一个常数，不可能通过增加实验次数、统计次数或用算术平均值等方法来消除，但可用一定的方法识别、减小，甚至消除这类误差。例如，如果选择在较小的、负的李雅普诺夫参数 λ 的时空中进行预测，就可减小误差，达到期望值[①]。

非系统误差是由随机因素引起的。如模型选择误差、建模假设误差、数据测量误差、近似求解和取舍误差、抄写误差等，这些误差是

① 倪大成. 彩票大揭秘——彩票的混沌与分形［M］. 北京：知识产权出版社，2016.

可以通过增加计算实验或统计次数，以及平滑噪声等方法来减少的。作为管理层，应增加人为改变初始条件的透明度，特别是换机、换球和维修前后应及时发布信息、公告。作为彩民，应对因更换维修摇奖机和彩球造成的新的蝴蝶效应，至少做 50 次迭代的新的数据统计，自适应调整预测模型。

二、定性预测和定量预测相结合

检验预测能力应把定性预测与定量预测结合起来，进行对比和综合分析。定性预测指以人的主观判断为主的预测方法，一般更适合在缺乏历史统计资料，更依赖于专家经验的情况下使用。定性预测一般用在预测过程的始端和终端，主要有以下特点：①突出性质，进行描述性的预测。例如，红球在 7 期内（开奖期）很难迭代 5 次。当红球 $h_n = h_{n-1} = 1$ 或 2 连续出现 2 次后，很难预测第 n 期和值是大于 100 还是小于 100。有经验的彩民可直接查第（n-1）期的彩票综合指数 K_{n-1}，当 $K_{n-1}>0$ 时，则 $\sum x_n > \sum x_{n-1}$；当 $K_{n-1} < 0$ 时，则 $\sum x_n < \sum x_{n-1}$。②突出“混沌边缘”的预测。“混沌边缘”一般可选在“突变”“临界”等重大转折点进行预测。③突出趋势和方向预测。例如，无论是红球还是蓝球，若第（n-1）期该彩号码出现极冷（涨落温度≤45），则在之后的 6 期内一般会再出现一次或 1 重号。显然，定性预测的优点在于简单迅速，可发挥人的主观能动性，节省人力、物力、财力和时间，但缺点在于受主观因素影响较大，因人的知识、经验和能力存在差异，难以做出精确的度量。

要掌握并熟练地应用定性预测，除了熟记并不断总结红球、蓝球经验模型外，还应深刻理解第四章详细解析的彩票混沌运动的“同宿栅栏”结构模式，随时掌控任何预测期中奖号码在“蝴蝶式”时空上的位置和走势方向。

定量预测一般是在“理论驱动”和“数据驱动”下建立数学模型并计算出预测值，比较客观、精确，不受主观因素的影响。其具有以下特点：①突出数量关系，进行精确预测。②突出预测理论的重要性，进行结构预测。③突出数据的重要性，进行非结构预测。显然，定量预测的优点在于偏重理论或数量关系，进行客观、精确的预测，不受人的主观因素的影响；缺点在于对预测者的素质要求较高，预测所需的人力、物力、财力和时间较多，受系统“质”的变化影响较大，对数据的时变性、样本的波动性和权重的非稳健性要求较高，否则难获得满意的预测结果。检验预测能力时，就要善于根据定性预测和定量预测各自的优缺点进行比较，取长补短，形成合力。

三、正确认识预测和中奖的关系

彩票景气预测和趋势预测，一般在相邻两期中进行，即已知上期（n-1）的开奖号，预测下期（n），对彩票预测能力的检验也应在相邻两期中进行。所以，红球、蓝球在（n-1）期和n期同步景气，是彩票景气的充要条件。然而，双色球存在四种不景气的情况：①红球景气，蓝球不景气；②红球不景气，蓝球景气；③红球、蓝球都不景气；④红球、蓝球在（n-1）期同步景气，在n期不同步景气，或者在n期同步景气，在（n-1）期不同步景气。因此，“景气”对于双色球而言，不仅指红球、蓝球在（n-1）期同步景气，而且在n期也同步景气。这样，对双色球预测能力的检验，不仅要在（n-1）期中进行，而且还要在n期中进行。

正如前文的分析，彩票混沌分形预测的一般结果是“小奖不断，中等奖多，大奖有望”，可实现“既娱乐奉献，又保本盈利”的目标。但是，“保本”不是一个绝对的概念，而是一个相对的概念，不是一个“期期”的概念，而是一个“平均”的概念，不是一个“连续”的概念，而是一个“离散”“累加”的概念。也就是说，“保本盈利”不是期期都可以连续投注，不是期期都可以中奖，而是指在一定的时间内“保本盈利”，指在一定的开奖期内，亏损资金总额应等于（保本）或小于（盈利）奖金总额。

因此，检验预测能力时，要正确地认识“预测与中奖”的关系。预测和中奖既有联系，又有区别，既有共性，又有个性。要知道，预测不恒等于中奖，因为预测和中奖的内涵与外延不同。

（1）准确的预测是中奖的必要条件，但不是充要条件。要中奖必须有准确的预测，而准确的预测不一定能中奖，还必须满足游戏规则的中奖要求。换句话说，前者是精确度的问题，后者是覆盖率的问题。如 2014050 期双色球的中奖红球为 3、17、23、25、26、32，中奖蓝球为 13，如果只准确预测出红球 3、17、23 和蓝球 13、14，3 个红球虽然预测准确但仍中不了奖，2 个蓝球如果投注的是 14，也中不了奖，只有投注的蓝球为 13，才可获 5 元的奖，如果既投了蓝球 13，又投了红球 3、17、23，才可获 10 元的奖。所以，预测中的精确度和游戏中的覆盖率都同时满足中奖的要求，才是中奖的充要条件。

（2）在彩票混沌的大数据预测中，由于系统噪声和大数据概率预测的客观存在，任何预测模型覆盖率可达到 100%，但精确度只能趋近于 100%，而不可能达到 100%。例如蓝球双变量动态边缘模型和当 $N_{总}=0$ 时的单变量、双变量动态边缘模型，在景气条件下都是精确度很高并趋近于 100%的预测模型。

彩票预测还具有以下特性：

1）预测在时间上可长可短，可一次，也可多次，还可重复。但中奖在时间上只有一次，开奖后再预测，则不可能再中奖，要重复投注只能在开奖前规定的时间内，开奖后无效。

2）预测在空间上可大可小，在数量上可多可少，不同类型的彩票要求中奖彩号码的个数不同，甚至出号的先后顺序不同。在数量上会受到限制，在空间上也会受到制约，例如要求中奖彩号码的组合不同，甚至排列的位置也不同。

3）预测与排列组合不一定有关系，而中奖必须遵循彩票的游戏规则，则有求于排列组合。由于彩票运动的非周期性，预测一个彩号码往往是多解而非唯一解，预测6个红球，选号个数往往大于6，这样就涉及排列组合的问题。如果采用全排，风险太大；如果用旋转矩阵，虽能较好地减少投资风险并实现一定的期望值，但被驱动的理论并非是一个完美的终结理论，不可能100%覆盖，旋转矩阵更多的是降一级获奖；如果用胆拖组合，多数只是一个良好的愿望。所以究竟选多少个彩号码？如何组合？便成为中奖的第二个难题。

4）预测不一定要求零误差，允许有不同的期望值和精确度。而中奖要求零误差，但又难以实现零误差。6个中奖红球，少一个就得不到二等奖，错一个蓝球就得不到一等奖。

（3）彩票预测中覆盖率可达100%，但覆盖率和精确度达不到100%也可中奖。任何彩票都存在大、中、小多种奖金，正与大小覆盖率和精确度成对应关系，所以在实战中，彩票混沌分形的预测都呈现出“小奖不断，中等奖多，大奖有望”。

（4）科学的预测更多地具有客观性、不变性，预测的结果更多的是客观、科学的数据，与个人心理素质无直接的关系；而游戏规则和个人的心理素质，却更多地具有主观性和可变性，中奖与个人心理素质有直接的关系。个人的心理素质不同，彩票的游戏规则不同，对预测的期望值也不同。期望值不同，则投注金额不同，风险大小也不同。面对同样的亏损，有的人亏而不悲，有的人垂头丧气；获得同样的大奖，有的人喜而不扬，有的人却引来天灾人祸。

因此，预测不恒等于中奖。预测与中奖既有联系，更多的是区别。换句话说，预测与中奖是两回事，可以预测，但不一定能中奖；可以预测，但不会每期中奖。同样，“彩票可认识”“彩票可预测”与“彩票可投资”“彩票可中奖”，既有联系，更多的是区别，也是两回事。要中奖，就要做到四个“必须”：必须准确地预测；必须科学地组合；必须有良好的心理素质；必须坚持“以小博大，量力而行”。这四个“必须”，是中奖，特别是中大奖的充分必要条件。所以，要正确处理好预测与中奖的关系，在“科学预测、符合规则、混沌组合、以小博大、健康心态”这些充分而必要的条件上下功夫。

第七章

彩票混沌与分形的投注模式及其实验分析

彩票混沌与分形的预测主要存在两个问题：一是如何选号；二是如何投注。然而，彩票的投注模式多种多样、五花八门，包括单式投注、复式投注、排列组合投注、胆拖投注、合伙投注、倍投、自选投、电脑投、电话投、网投等多种官方的或民间的投注模式。但如果从混沌预测、以小博大、“保本盈利大奖”的角度来看，彩票投注应分为混沌组合投注和“6个红球、1个蓝球”直选投注两种模式。这两种模式只针对红球，因为蓝球每期只摇出1个，不存在组合问题，只当蓝球选号终端为1~3个时，为复式投注。

计算实验表明：①通过“不用计算，只看图表”的彩票直杀模型，用杀号法进行选号，是“高效、简单、易行”的普适方法；②“混沌组合”和直选“6个红球、1个蓝球”两种实战投注模式，是“以小博大”“保本盈利大奖”的有效途径。现就这两种实战投注模式分别进行介绍。

第一节 混沌组合投注模式及其实验分析

混沌组合在第二章已做介绍，这里扼要介绍混沌组合与传统组合的区别和混沌组合投注模式的步骤与计算实验分析。

混沌组合区别于传统的排列组合，两者的主要区别如表 7-1 所示。

表 7-1 混沌组合与传统组合的区别

混沌组合	传统组合
$C_m^{3\sim6} \times C_{m'}^{0\sim3}$	C_m^6
混沌理论驱动	纯数学演绎
有深奥的物理意义	无物理意义
同一时空，多种模式	同一时空，一种模式
组合注数少	组合注数多，为混沌组合的 2~10 倍
多变的精确度、覆盖率	固定的精确度、覆盖率
以最少选号，覆盖所选的中奖号码	以较多选号，覆盖所选的中奖号码
以小博大，获最高奖	以大博大，获最高奖

混沌组合投注模式的步骤为：选号→混沌组合→筛选→以小博大投注①。

第二节 直选“6 个红球、1 个蓝球”投注模式及其实验分析

直选“6 个红球、1 个蓝球”，指直接从 33 个红球中选 6 个红球、

① 详见《彩票大揭秘——彩票的混沌与分形》一书及本书第二章。

16个蓝球中选1个蓝球，这种预测模式最省事，但是机会不多。计算实验表明，彩票混沌与分形预测容易出现三种现象：

（1）通过“计算机全智能预测”和“不用计算，只用数据、图表”的多个直杀预测模型，不多不少，恰恰直接从33个红球中选6个、16个蓝球中选1个。计算实验表明，这种预测结果有两个特点：①红球直选6个、蓝球直选1个，刚好1注，投资2元，容易实现“以小博大”，最理想；②蓝球覆盖率很容易达到100%，而红球覆盖率很难达到100%，即红球很难有6个奖号。因此直选模式“保本盈利”的充要条件是：蓝球覆盖率100%，红球精确度≥67%（含3~6个奖号）。这种预测虽然机会不多，但结果最理想。

（2）直选的红球个数小于6个、蓝球全部杀完，出现这种现象的不多，但值得重视。对于这种现象，可采用以下对策：

第一，调整各模型的组合，把“精确度最高、覆盖率最大”的模型先进行重新组合，作为基本选号，采用“组合方案模型少，投注方案更多”的新方法，增加彩票注的选号。

第二，重视景气条件，把“与冷号无关，不受条件限制”的模型先集中起来，再分别与其他模型重新进行组合。

第三，定量预测与定性预测相结合，通过各定性预测模型，把出号概率最大的热号（$h \leqslant 3$）或重号后 $h \leqslant 3$、出现大于10的冷号后 $h \leqslant 3$ 或 $h_{n-1}=h_{n-2}=1$、2、3的号补充到彩票注。

（3）直选的红球个数大于6个、蓝球个数大于1个，这种现象占多数。对于这种现象，可采用以下对策：

第一，在预测期（n期）的倒数第7期（n-7期），再增加1次重号模型（倒数14期）的预测。

第二，增加“时域相同”的自相似直杀模型。建立这个模型的要点是：①“时域相同”，指初始模型与观测序列的和值指数 η_x 或涨落

高度指数 η_h 等相同。由此可见，要构建一个“时域相同”的模型，只需克隆出一个和值指数 η_x 相同的克隆期便可实现（详见第四章第一节）。②对于克隆出的第 1 个克隆期（甚至第 2 个）再实施原来使用过的预测模型。

第三，改变参数，增加模型的杀号个数。

在各直杀模型中，有一部分模型的覆盖率和精确度与所取倒数的期数或克隆期数 M 有关：M 越大，覆盖率和精确度都越大；M 越小，覆盖率和精确度都越小。例如蓝球的重号模型、双变量模型等，M 的大小都在彩票时间序列 3、5、8、13、21、34 …平台上取值，宜先大后小、先严后松。例如重号模型一般取倒数 14 期，以追求最大覆盖率，杀号个数自然不多，但为了增加杀号，可减小倒数期数，如取 $M=7$、9、11、13，都在权重 $\leqslant \pm3$ 的彩票时间序列 3、5、8、13、21、34 …上。

在实战预测中，以“改变参数 M 大小，增加杀号个数”的模型，常用的有以下 4 个：①红蓝球重号（倒数 14 期）模型（减小 M 值）；②红蓝球双变量克隆模型（增加 M 值）；③红蓝球景气模型、关联黑洞模型和红球分形模型（增加 M 值）；④蓝球间隔模型（增加 M 值）。

例题 13　试用重号模型，用 $M=7$、9、11、13、14 不同倒数期，对 2015024 期红球进行预测，哪些红球不会被摇奖机摇出来？

解：查红球指数统计表，找出 2015024 期的倒数 14 期内的各期中奖号码，如表 7-2 所示。

表 7-2　2015011～2015024 期各期红球中奖号码

开奖期	中奖号码	开奖期	中奖号码
2015011	4　14　15　17　18　20	2015018	6　9　12　14　28　29
2015012	3　5　22　23　29　31	2015019	2　6　11　19　25　26
2015013	8　9　24　25　26　29	2015020	1　4　7　19　22　23
2015014	2　12　16　19　27　30	2015021	14　15　16　17　27　28
2015015	1　7　20　24　25　33	2015022	4　7　10　16　23　25
2015016	2　6　10　15　17　33	2015023	8　9　10　13　29　30
2015017	13　18　20　25　27　33	2015024	9　11　16　18　23　24

显然，当取不同的倒数期（$M=7$、9、11、13、14）时，不会被摇奖机摇出来的红球为：

$M=7\rightarrow$杀 $x=3$　5　21　31　32　33

$M=9\rightarrow$杀 $x=3$　5　21　32

$M=11\rightarrow$杀 $x=3$　5　21　32

$M=13\rightarrow$杀 $x=21$　32

$M=14\rightarrow$杀 $x=21$　32

查得 2015024 期中奖号码为 9、11、16、18、23、24，预测准确。

计算实验表明，除自相似直杀模型可取 $M=7$ 外，其他模型一般取 $M=9$、11、13、14，且取 $M=13$ 与 $M=14$ 的预测结果十分相近。

例题 14　试用混沌组合与直接投注的模式对 2021040 期红球进行投注。

解：查第 5 章例题 11，通过基本预测模型（红球动态分式预测模型）选出 2、3、6、7、22、23、24、25、26、28、29（共 11 个红球），以此为基础进行投注。有混沌组合与直接投注两个途径，根据“基本预测模型→方案预测模型→投注”的基本投注程序，可按以下路径进行多方案选号投注：

$$
\text{基本预测模型}\rightarrow\begin{cases}\text{方案预测模型}\rightarrow\text{投注（方案一）}\\ \text{方案预测模型}\rightarrow\text{投注（方案二）}\\ \text{方案预测模型}\rightarrow\text{投注（方案三）}\end{cases}
$$

对于 2021040 期，基本预测模型为红球动态分式预测模型，方案预测模型为红球动态分式极大模型、红球动态分式极小模型、红球动态分式重号模型。通过第五章例题 12 可知，这 3 个方案预测模型分别预测出的可能不会被摇奖机摇出的红球为：

红球动态分式极大模型→4、9、10、12、13、15、16、21、22、25（共 10 个）

红球动态分式极小模型→3、4、5、6、13、16、20、22、25（共 9 个）

红球动态分式重号模型→1、12、15、17、32（共 5 个）

这样，上述路径将变为：

$$
\text{红球动态分式边缘模型}\rightarrow\begin{cases}\text{红球动态分式极大模型}\rightarrow\text{投注（方案一）}\\ \text{红球动态分式极小模型}\rightarrow\text{投注（方案二）}\\ \text{红球动态分式重号模型}\rightarrow\text{投注（方案三）}\end{cases}
$$

方案一：

$$
\begin{matrix}2 & 3 & 6 & 7 & 22 & 23\\ 24 & 25 & 26 & 28 & 29\end{matrix}\rightarrow\begin{cases}\text{杀 } 4\ \ 9\ \ 10\ \ 12\ \ 13\ \ 15\ \ 16\ \ 21\ \ 22\\ \text{选 } 2\ \ 3\ \ 6\ \ 7\ \ 23\ \ 24\ \ 25\ \ 26\ \ 28\ \ 29\text{（10 个）}\end{cases}
$$

方案二：

$$
\begin{matrix}2 & 3 & 6 & 7 & 22 & 23\\ 24 & 25 & 26 & 28 & 29\end{matrix}\rightarrow\begin{cases}\text{杀 } 3\ \ 4\ \ 5\ \ 6\ \ 13\ \ 16\ \ 20\ \ 22\ \ 25\\ \text{选 } 2\ \ 7\ \ 12\ \ 23\ \ 24\ \ 26\ \ 28\ \ 29\text{（8 个）}\end{cases}
$$

方案三：

$$
\begin{matrix}2 & 3 & 6 & 7 & 22 & 23\\ 24 & 25 & 26 & 28 & 29\end{matrix}\rightarrow\begin{cases}\text{杀 } 1\ \ 12\ \ 15\ \ 17\ \ 32\\ \text{选 } 2\ \ 3\ \ 6\ \ 7\ \ 15\ \ 23\ \ 24\ \ 25\ \ 26\ \ 28\ \ 29\text{（11 个）}\end{cases}
$$

显然，基本预测模型与方案预测模型组合的结果将产生以下两种情况：

（1）终选红球个数大于彩票注个数（6个），如方案一（10个）、方案三（11个）。

（2）终选红球个数等于彩票注个数（6个），如方案二（8个）。

查得2021040期6个中奖红球为2、6、7、24、28、29，对于第二种情况，选号6个，正好一注，直接投注，错杀1个（红球6），但仍可通过混沌组合投注得三等奖。

对于第一、三种情况，选号10个或11个，虽然实现6个（2、5、7、24、28、29）、全覆盖6个（2、5、7、24、28、29），但分别多出4个、5个，无法投注。如果按传统的排列组合需分别投210注、462注，可获中6个球的大奖，但不符合“以小博大”的精神。如果采用第二章介绍的混沌组合，便可实现“以小博大”和“保本盈利大奖”的目标。这里仅以选号10个（方案一）为例，进行混沌组合投注。

回顾第二章的混沌组合。

第一步，在红球涨落高度数据库中找出2021040期10个红球对应的涨落高度，如表7-3所示。

表7-3　2021040期10个红球对应的涨落高度

x_n	2	3	6	7	23	24	25	26	28	29
h_n	0	13	3	1	5	0	5	2	4	0

第二步，按涨落高度的大小把10个红球排列成以下形式，并同时确定基本号的个数 m 和组合号的个数 m'：

$$h_n = 0 \rightarrow x_n = 2 \quad 24 \quad 29$$

$1 \to x_n = 7$

$2 \to x_n = 26$

$3 \to x_n = 6$

$4 \to x_n = 28$

$5 \to x_n = 23 \quad 25$

$13 \to x_n = 3$

显然不同涨落高度的个数 $Q=7$，根据 $Q \leqslant 7 \to m=4 \to h_n=0$、1、2、3，$Q \geqslant 8 \to m=5 \to h_n=0$、1、2、3、4，上述 10 个红球基本号的个数 $m=4 \to h_n=0$、1、2、3，与其相对应的红球有 6 个（2、24、29、7、26、6），即 C_6^5；组合彩号码的个数 $m'=3 \to h_n=4$、5、13，与其相对应的红球有 4 个（28、23、25、3），即 C_4^1。

第三步，对基本号和组合号分别进行 $C_m^{2\sim6}$ 和 $C_m^{0\sim4}$ 的组合：

$$C_m^{3\sim6}=C_6^5，\ C_{m'}^{0\sim3}=C_4^1$$

故混沌组合投注数为：

$$C_6^5 \times C_4^1=\frac{6!}{5!\ (6-5)!} \times \frac{4!}{1!\ (4-1)!}=6 \times 4=24\ （注）$$

显然，比传统的排列组合要少 186 注$\left[C_{10}^6=\frac{10!}{6!\ (10-6)!}=210 \text{ 注}\right]$。

对混沌组合出的 24 注，还可通过以下变量和参数压缩到 19 注：

杀 $\sum^6 x_n > \sum^6 x_{n-1}=115$、$S=9 \times 4 \to$ 杀边缘个数（简称“边”）$=2$、5。按 $C_6^5 \to 2$、24、29、7、26、6，$C_5^5 \to 28$、23、25、3，排列如表 7-4 所示。

表 7-4　混沌边缘模型和指数优化结果

红球号码	边	$\sum^6 x$	奖	红球号码	边	$\sum^6 x$	奖
2 24 29 7 26 28	4	116×		2 24 29 7 26 23	3	111	中 4
2 24 29 7 26 25	4	113	中 4	2 24 29 7 26 3	4	91	中 4
2 24 7 26 6 28	3	98	中 5	2 24 7 26 6 23	2×		
2 24 7 26 6 25	3	95	中 4	2 24 7 26 6 3	3	73	中 4
24 29 7 26 6 29	3	120×		24 29 7 26 6 23	2×		
24 29 7 26 6 25	3	117×		24 29 7 26 6 3	3	95	中 4
2 29 26 6 24 28	4	115	中 5	2 29 26 6 24 23	3	110	中 4
2 29 26 6 24 25	4	112	中 4	2 29 26 6 24 3	3	90	中 4
24 7 6 2 29 28	4	96	中 6	24 7 6 2 29 23	3	91	中 5
24 7 6 2 29 25	4	93	中 5	24 7 6 2 29 3	4	71	中 5
2 7 6 24 26 28	3	93	中 5	2 7 6 24 26 23	2×		
2 7 6 24 26 25	3	90	中 4	2 7 6 24 26 3	3	68	中 4

查得 2021040 期红球中奖号为 2、6、7、24、28、29。

显然，对于 2021040 期选出的 10 个选号，经混沌组合把传统组合的 210 注压缩到 24 注，经混沌边缘模型、彩票指数优化模型选出 18 注，当蓝球也中奖，投 36 元，获一等奖 1 注，三等奖 6 注，四等奖 11 注，实现了“以小博大”的目标。

选出的 10 个选号，如果通过倒数 14 期重号模型（杀 2、32）进行再筛选，选号将压缩到 8 个（2、6、7、23、24、25、28、29），通过上述方法同样可实现“以小博大”的目标。感兴趣的读者可自行演示。

红球预测中各模型的选用，要注意以下六点。

（1）红球单变量、双变量、多变量动态分式预测模型，是红球预测的主力军，主宰红球预测的成败，是红球的基本预测模型，可单一预测，也可组合预测。

（2）红球动态分式极大模型、红球静态分式模型、红球动态分式重号模型、红球动态分式极小模型、η_x 静态直杀模型、倒数 14 期重号模型，为方案预测模型，可组合预测。

（3）预测前，必须进行景气预测和趋势预测。要实现“以小博大”，应首先考虑蓝球是否景气，当红球景气而蓝球不景气时，新手不宜投注；当红球、蓝球同步景气时，为最佳投注期。

（4）要坚持多模型、多渠道的综合预测。尽量用完所有的模型，但必须首先抓住基本预测模型，如果基本预测模型不景气，最好不要预测投注，以最大限度地减小风险。

（5）该采用“混沌组合投注模式”，还是“直选投注模式”，应具体问题具体分析，并与期望值和个人的人力、物力、财力相结合。

（6）要把定性预测和定量预测结合起来，特别是在预测的终端，彩票注多 1 个球或少 1 个球时，更有定性预测的用武之地。

第八章

彩票混沌与分形预测的普适性和局限性

彩票混沌与分形预测具有明显的九大要点：①从彩票混沌与分形的“无序”中找到了中奖彩球“有序”的运动轨迹和准确位置。②从预测学、方法论、驱动方式和精确度多个角度，推出了混沌分形预测的系列方法。③建立了数理统计、模型建立所必需的彩票混沌时间序列平台。④成功应用计算机技术，建立了5个全智能化红球、蓝球基本预测模型，开启了彩票智能化预测的先河。⑤创建17个“不用计算、只看数据、图表”的直杀模型，进行大众化的普及型预测。⑥建立了基本预测模型和方案预测模型“投资少、风险小”的预测机制和“保本盈利大奖”的预测方案。⑦提出了混沌组合投注和直选“6个红球、1个蓝球”的两种投注模式，实现了“以小博大”的目标。⑧充分运用彩票的克隆，增大杀号数量，最大限度提高中奖覆盖率。⑨建立了预测中奖所必需的可自动更新的、全自动云数据库。

彩票混沌与分形预测，不仅从彩票混沌的角度描述了所有中奖彩球在同宿栅栏中，像蝴蝶展开的一对翅膀无限次地进行叠加运动，而且从彩票分形的角度，揭示出“凡是摇奖机摇出的彩球，一定在彩票分数维 $d=0.44\sim0.66$ 之间，凡是不被摇奖机摇出的彩球，一定在彩票分数维 $d=0.44\sim0.66$ 之外”的彩票分形属性。彩票的混沌与分形这一对孪生兄弟打破了现行彩票研究和预测的格局，树立了“彩票可预测”“彩票可投资”的新理念，开拓了一条认识、研究、预测彩票和中奖的全新道路，具有普适性。但是，以理论驱动的结构模型预测和以数据驱动的非结构模型预测不是唯一的形式，只能起到抛砖引玉的作用。因此，彩票混沌与分形的预测既具有普适性，又具有一定的局限性。彩票混沌与分形预测方兴未艾。

第一节　彩票混沌与分形预测的普适性及其在股票、3D中的应用

非结构模型的建立源于结构模型预测的失灵。非结构模型预测是以变量随时间变化的时序性为基础，奉行的是“让数据自己说话”的哲理，是以彩票的混沌时间序列为轴线的一种纯粹的时序分析方法。它突出了彩票状态变量的时序性，重点考察了彩票混沌时间序列的数据特征，描述了彩票混沌在时序上的属性和变量在时间轴上的延续性与非周期性，合理地选择了初始条件，使得初始模型与观测序列在相空间中的演化规律相似，并在时域相同、演化行为相似、运动范围相近的条件下建立起克隆模型、分形模型等多个非结构预测模型，并在计算机的帮助下，建立了一批彩票混沌分形预测与大数据预测相结合的半智能和全智能预测模型，成为彩票混沌与分形预测的主力军，打开了现代智能化和大众化预测的大门。

彩票混沌与分形预测的新理念、新方法和新途径，不仅适用于多种福利彩票，也适用于多种体育彩票，只要是乐透型彩票，无论是中

国大陆的还是港澳台地区的，无论是发达国家的还是发展中国家的，无论是一个地区、一个国家单独发行的还是跨地区、跨国家联合发行的，都遵循着彩票混沌与分形理论所揭示的本质和运动规律，永远遵循彩票的逻辑斯蒂映射；都局限在彩票混沌时间序列 $p=3$、5、7、13、21、34、55、…的时空范围内，永远在彩票奇怪吸引子的吸引域内翱翔；都可以用彩票的结构模型和非结构模型进行预测，都可以用彩票克隆的方法提高中奖的覆盖率；都可以把大数据预测、计算机技术与混沌分形预测结合起来，实现智能化预测；都可以用彩票的混沌组合进行排列，用彩票指数的优化模型、彩票注的涨落高度内随机模型、彩票注混沌边缘模型等对排列出的彩票注进行压缩筛选等。所以，彩票的混沌与分形预测在国内外任何乐透型彩票中都具有普适性。

但是，对博彩型彩票、体育型彩票和虽然用摇奖机摇奖、但对中奖号码的出号有先后次序排列要求的彩票，彩票混沌与分形预测不具有预测性。对于国内外的 r/s、N/M 乐透型彩票，由于不同乐透型彩票使用的摇奖机不同、彩球不同、摇奖地点外部环境（温度、压强、湿度等）不同，所产生的蝴蝶效应强度不同；又由于在摇奖机中运动的彩球个数 s 不同，各类型乐透型彩票不同游戏规则所要求摇出的彩球个数 r 不同，所以各彩球之间的非线性相互作用的大小也不同；游戏规则、操作人员、维护维修、换机换球等客观及人为因素不同，都会导致彩票运动的初始条件不同、蝴蝶效应强度的不同、有偏游动不同；不同国家、不同地区发行彩票的起始时间不同，“时间噪声、初始噪声、离散噪声和非平稳噪声”等也不会相同，这都会导致动态数据的失衡。因此不同地区、不同国家、不同类型的乐透型彩票，在预测中所使用的参数不一定相同，动态数据的平稳性不一定相同，数据的处理所选用的“阀门”也不一定相同。这样一来，对于不同国家、不同地点、不同摇奖机和彩球、不同时间效应和游戏规则的乐透型彩票，需要在彩票混沌与分形理论和数据的同时驱动下，通过计算实验，进行科学的选定（有条件的最好在计算机帮助下进行）。

※下面以3D彩票为例，介绍如何把双色球混沌与分形预测的方法迁移到股票和3D彩票上。

一、迁移的必要条件

要把双色球中混沌与分形预测的方法迁移到3D彩票上，必须满足“乐透型、大数据、正确的方法”三个必要条件。

（1）乐透型彩票：3D彩票也是摇奖机摇奖，属于乐透型彩票，遵循着彩票混沌与分形理论所揭示的本质和运动规律。但与双色球比较有三个明显的不同：①所使用的摇奖机及其数量不同，双色球是2个不同的摇奖机，而3D是3个不同的摇奖机，所以3D彩票的参数与红蓝球模型的参数不同，从景气预测的角度，后者的同步性比前者更难；②都属 r/s 型彩票，但 r、s 的大小不同，在《彩票大揭秘——彩票的混沌与分形》一书中已详细介绍，一般 r、s 越小，越容易预测，红球 $r=6$、$s=33$，蓝球 $r=1$、$s=16$，3D彩球 $r=1$、$s=10$，所以从这个角度来看，3D彩球比蓝球更容易预测；③从蝴蝶效应的大小来看，即使在同地点、同时开奖，3D彩票的同步性要求比双色球更高，即从景气预测的角度来看，前者的预测性比后者更难。

（2）以大数据为基础的数据库：3D彩票2002年诞生，比双色球早1年，所以从大数据的角度来看，3D彩票建立数据库的条件比双色球略好，但都因比西方起步晚，时间噪声和大数据噪声比西方大，特别是间隔预测模型最明显。

（3）正确的方法：双色球混沌与分形预测的方法很多（不少于20种），总体来看，3D彩票比双色球更容易预测，但不能把双色球所有的方法都照搬到3D彩票中，这就涉及方法迁移的取舍问题。一般而言，自然科学方法的迁移应注意五大要素：①迁移对象；②迁移条件；③迁移的方法；④迁移的质和量；⑤迁移的检验。实践证明，只需把双色球混沌与分形预测的重号模型、间隔模型、克隆模型迁移到3D彩票中，便可取得比较满意的预测效果。

二、3D实战模型

1. 重号模型

（1）3D彩票的重号模型与双色球中蓝球重号模型相似，可做如下比较（见表8-1）。

表8-1　蓝球与3D彩球的对比

双色球蓝球	3D彩球
1个摇奖机	百位或十位或个位各1个摇奖机
被摇蓝球16个	被摇3D彩球百位或十位或个位各10个
摇出中奖蓝球1个	摇出中奖3D彩球百位或十位或个位各1个
预测前要对倒数13期蓝球进行整合	预测前要对倒数13期3D百位或十位或个位进行整合
重号模型建立在整合后的平台上	重号模型建立在整合后的平台上
$M=13$、14	$M=13$、14

（2）重号模型公式：

$$\begin{cases} M=13 \\ x_i^{n-1}、x_i^{n-2}、\cdots、x_i^{n-13} \end{cases} \text{或} \begin{cases} M=14 \\ x_i^{n-1}、x_i^{n-2}、\cdots、x_i^{n-14} \end{cases} \quad (8-1)$$

2. 间隔模型

3D彩票与双色球中蓝球的分数维 d 都取0.5，但因两者的 S 不同，则由 $S\Delta(d)$ 演化出的变量、参数公式不同。例如3D彩票的“阀门”为10、10/2，蓝球为16、16/2。公式为：

$$x_n = x_{n-1} \pm f(\Delta x、x_{n-m}) \qquad (8-2)$$

$$M = 34$$

其中，$\Delta x = x_{n-1} - x_{n-m}$，当 $x_{n-1} \geqslant 5$ 时，取“-”；当 $x_{n-1} \leqslant 4$ 时，取“+”。

3. 克隆模型

与蓝球克隆模型一样，对以下变量或变量组进行克隆，其区别只在于克隆变量、克隆次数不完全相同。

$$(1)\left\{\frac{\Delta Zx_{n-1} = 0}{\sum_{i=1}^{9}\sum_{1}^{13} h_n}\right. \to 杀\left\{\begin{array}{l} x^{n-m}、x^{n-m-1} \\ M = 2 \end{array}\right.$$

$$(2)\left\{\frac{\Delta Zh_{n-1} = 0}{\sum_{i=1}^{9}\sum_{1}^{13} h_n}\right. \to 杀\left\{\begin{array}{l} x^{n-m}、x^{n-m-1} \\ M = 2 \end{array}\right.$$

$$(3)\left\{\frac{\Delta h_{n-1} = 0}{\sum_{i=1}^{9}\sum_{1}^{13} h_n}\right. \to 杀\left\{\begin{array}{l} x^{n-m} \\ M = 3 \end{array}\right.$$

用同样的方法，还可把红蓝球动态分式模型，特别是单变量动态分式边缘模型等基本预测模型迁移到 3D 彩票之中，可起到一锤定音的效果，但必须建立大数据全智能云数据库。

股票、汇率、期货都是一种具有内随机的混沌现象，也可用彩票混沌与分形的理念、设计、方法和计算机技术，对各种股票上升或下降、进仓或出仓的临界时空条件进行半智能和全智能化的预测，精准掌握进出仓的“阀门”，立足于不败之地。但若迁移到股票中，股票与彩票在混沌和分形面前仍有以下不同：

第一，股票受政治、经济的影响远比彩票大，但反映在大数据中，作为一个系统其相关性是确定的、可以预测的。

第二，股票在中国远比彩票起步早，积累的原始数据远比彩票多，股票预测中的时间噪声和大数据噪声比彩票小。

第三，股票运动的初始条件完全由市场决定，不存在各类股票之间的相互作用，但当经过整合，不仅存在结构效应，还将产生组织效应。而乐透型彩票都在有限空间的摇奖机中进行，彩票运动的初始条件与市场无关，即彩票运动的初始条件与各彩球之间、彩球与摇奖机之间的信息和能量交换有关，所以股票的混沌与分形预测比彩票更容易。

第四，股票的收益完全决定于预测精确度，彩球的收益不仅决定于预测精确度，还决定于管理层按游戏规则所产生的覆盖率，所以股票收益的难度远比彩票小，但股票投资额度远比彩票大几千、几万甚至上亿个数量级，风险大，更不存在“以小博大”。

第五，股票的研究对象不再是彩号码，而是股价、成交量、市盈率等及其和值指数、极差、涨落高度、落差、综合指数、次数、分式等导出量。均可在混沌分形大数据的彩票半智能、全智能模型中有选择性地迁移。

第二节 彩票混沌与分形预测受到噪声的干扰

彩票混沌与分形预测不可避免地会受到噪声的干扰，一般而言噪声可分为两类：一类是系统噪声；一类是非系统噪声①。

※系统噪声又叫内禀噪声或动力学噪声，是系统无法避免的，主要包括五类。

一、初始噪声

彩票混沌运动系统具有对初始条件的敏感依赖性，初始误差随时

① 详见《彩票大揭秘——彩票的混沌与分形》一书。

间呈指数增大，很小的扰动，如彩球和摇奖机的自然磨损、温度、湿度、静电的微小变化，不同操作人员开启电源的延迟效应等，都可产生蝴蝶效应，都可产生有偏游动，就会影响系统的预测精度，使系统存在不可避免的预测误差。所以，因外部环境等客观因素的改变所造成的系统噪声，是绝对无法避免的。因此，能否合理地选择预测初始条件，直接影响预测结果的好坏。建立彩票非结构预测模型时，选择预测初始条件应掌握以下两个原则：

第一个原则，初始模型与观测序列在相空间中的演化规律相似，并具有相同的内在特性。例如，当 $\mu \in [0, 3]$ 时，为定态区（平庸吸引子）；当 $\mu \in [3, \lambda_\infty]$ 时，为倍周期区（混沌边缘吸引子）。

第二个原则，初始模型与观察序列在时域和频域中的演化行为相似、运动范围相近。例如，彩票混沌边缘模型所构建的长为 9 个单位、宽为 4 个单位的长方形，就是取奇怪吸引子的分数维 $d = 0.635$ 而重构的。同样，分形模型、走势模型和间隔黑洞模型等，都根据所测的实际数据样本来确定状态变量的初值，从而得到整个系统的初始状态。

二、非平稳噪声

“非结构预测方法是在坚实、稳定的数理基础上逐渐丰富和完善起来的”。然而“多数时间序列往往表现出非平稳特征”。所以在彩票预测中，如果发现彩票的混沌时间序列出现非平稳现象，一定要采取措施平滑噪声，或通过其差分得到一个平稳的时间序列。例如，在彩票预测中常用均值来平滑噪声：$\overline{\sum_{i=1}^{m} h_n}$、$\overline{\sum_{i=1}^{m} h_n'}$、$\overline{\sum_{i=1}^{7} h_n}$、$\overline{\sum_{i=1}^{13} h_n}$、…。因为我们的“目的是要辨别并估计一个可解释现有数据生成过程的统计模型，且模型的特征在不同时期里，特别是在未来的时期里保持不变，即数据的平稳性是非结构模型的基础”[①]。

※三、参数离散噪声

混沌理论指出，“因资料或参数的离散而产生的误差将是客观和永恒的，无论人类如何提高认知能力都将无法消除该误差”。“导致预测误差的主要原因有三个方面：客观模式与主观模式的误差、计算与观察的误差以及由于资料或参数的离散而产生的误差”[②]。彩票的非结构预测模型所使用的数据参数，同样也摆脱不了因参数的离散而产生的预测误差。

四、时间噪声

彩票预测目标在于中奖，然而中奖是动态的而非静态的。如果要将混沌时间序列的动态特性全面地反映出来，在时间上必须有一个较长的范围。在较短的时间内，其动态特性不可能全面反映出来，即“时间”制约、干扰了动态特性的全面涌现。从这个意义上来说，“时间”便成了噪声，称为时间噪声。韩敏教授在《混沌时间序列预测理论与方法》一书中说：“序列动态特性可能会在一个较长时期范围内才能全面反映出来，所以需要对长期的数据资料进行研究，因为数据可能跨越几年、几十年甚至上百年的时间。”[③] 显然，以数据驱动的非结构预测模型如果所采集的数据局限在较短的时间范围内，混沌时间序列的动态特性不可能全面涌现出来，必然产生预测的不确定性。由于中国大陆彩票起步晚，远远达不到“较长时期范围”（几十

---

① 倪大成. 彩票大揭秘——彩票的混沌与分形［M］. 北京：知识产权出版社，2016.

② 伊·普里戈金，伊·斯唐热. 从混沌到有序：人与自然的新对话［M］. 上海：上海出版集团、上海译文出版社，2005.

③ 韩敏. 混沌时间序列预测理论和方法［M］. 北京：中国水利水电出版社，2007.

年甚至上百年）的要求。双色球2003年才开始在大陆发行，也仅10多年，在这个较短的时间进行彩票动态预测，自然存在因时间噪声所产生的动态预测不准的现象。特别是一些多变量非结构预测模型，当反映在非热门轨道或偏离蝴蝶中心的边远运动状态时，自适应预测调整的70次迭代次数远远不够，甚至需要几十年、上百年与时俱进地进行自适应预测的调整，而且红球的时间噪声远比蓝球大，短短的10多年难以满足彩票混沌遍历性的要求。所以为了减小时间噪声的影响，对于时间噪声最大的分形极值模型等，宜避免在火线上使用。

五、大数据噪声

所谓大数据，是一个不等于无穷大而趋于无穷大的概念，大数据对数理统计的要求，虽然不是笼统的越多越好，但仍然有个阀门要求，统计次数低于这个阀门，涌现不出相关性；统计次数高于这个阀门，涌现出更多的重复性。而且这个阀门与期望值有关，与不同的空间形式和数量关系有关。也就是说，不同运动形态对阀门的要求不同，有的时间短、迭代次数少，有的时间长、迭代次数多。所以在实战中，不少预测模型出现“虚设”现象，即不少预测模型要求的“时间长、迭代次数多”，而因双色球起步晚产生了大数据噪声。在实战中，为了减少这个大数据噪声，只能不断扩张数理统计的空间，或延长数理统计的时间，或增加数理统计的频率，以满足大数据的要求。因此，彩票混沌与分形预测不仅在不景气期不宜期期预测，就是在景气期，因大数据噪声所产生的“虚设”现象，也容易产生错杀或杀号不足，因而无法期期预测。

非线性现象（包括彩票）预测的不稳定性，早在100多年前已被天才物理学家、电磁理论的奠基人麦克斯威所断言，他说：“假如物理科学的耕耘者（聪明的公众正是从这些耕耘者那里得到了物理的概念）在探究科学的奥秘中被引导去研究奇异性和不稳定性，而不是去研究事物的连续性和稳定性，那么，自然知道的增长可能会趋向于消除倾向于确定性的那些偏见，这种确定性大约产生于下面的假定：未来的物理科学只不过是过去的物理科学的放大映象。”①

非系统噪声又叫测量噪声、非随机噪声，甚至过失噪声或过失误差（mistake error），言下之意是，这种噪声纯系操作者（预测人）的随机失误产生的，如控制参数统计不准，预测起点错误度量，统计的信息数据不完备或者数量太少，计算、抄写、整理存在误差等。例如，作为基本预测模型和预测主力军的分式动态边缘模型，是一种“杀号多”“精确度高”的预测模型，通过6个层次、9个变量、5个笛卡尔坐标，深刻地反映了彩票混沌运动的两条双向渐近曲线在同宿栅栏中的多形式、多层次、多方向和多路径的运动变化，确保了预测终端的每个分式与33个红球或16个蓝球的准确对应关系。但是由于人为地对该模型的“纲、目误判”“路径、方向错误”“看错、看漏、校错”等所造成的非系统噪声，也会极大地影响预测的精确度。

值得一提的是，无论新手还是能手，只要认真领会《彩票大揭秘——彩票的混沌与分形》一书的精神实质，练好基本功，把自己培养成具有复合函数 $f(x、y、z)$ 的复合型人才；只要熟悉《彩票大揭秘——彩票混沌分形的预测与实践》中的非线性预测模型，特别要熟练掌握“保本盈利大奖”和“以小博大”的实战方案；只要抓住预测的主力军，杜绝人为的过失噪声，选准景气期，绝大部分彩民一定会逐渐走上“既娱乐奉献、又保本盈利”的道路，少数彩民可持续且离散地获得大奖。但是，绝不可能人人都能荣获大奖。

在一些国家和地区，在某一个时期或某种类型的彩票中，还存在

① 王文均，张捍卫．线性地球自转动力学［M］．北京：科学出版社，2009.

另一种非系统噪声，即人为噪声。人为噪声指彩票系统在一段时间、一定领域或某些特定类型的彩票中，出现的由弄虚作假所引发的噪声。这种噪声虽具有阶段性和局限性，但在不断开奖的时空中总是渗进了一些沙粒并永远遗留在数据库中，当预测模型的参数恰巧碰上这些沙粒，必将误导出错误的信息，造成预测的失灵。数据库中存在的沙粒是磨不掉的、永存的、绝对的。但是，随着不断地开奖，有限沙粒在数据库中所占的时空比例又是变化的、相对的、逐渐减少的。但这种噪声再小也毕竟存在，也就是说，一定会降低预测的精确度，误导和干扰预测的效果，这是绝对的。同时，其又是相对的、逐渐淡化的、可以拒绝的。只要加强管理，杜绝腐败，健全法制，这种人为的非系统噪声就会消失。

※第三节　彩票混沌与分形预测研究方兴未艾

混沌与分形预测，是一个涉及第三次科学革命的混沌理论和分形理论的前沿科学，涉及预测学、方法论、计量学、组合数学、经济学、金融学、统计学、系统论和哲学、思维科学、心理学等多个领域，也属于自然科学和社会科学相结合的交叉学科和边缘学科的问题，应从不同的角度、不同的侧面进行综合研究，这项工作是大量而艰巨的。例如仅从方法论的角度，如果按建模数据划分，可分为全局预测、局部预测和自适应预测；如果按驱动方式划分，可将其分为结构模型预测和非结构模型预测；如果按预测步骤分，可将其分为单步预测法和多步预测法；如果按组合方式分，可将其分为单一预测法和组合预测法。如果按选择的数学模型和方法划分，又可将其分为 6 种模式和方法：①相似点法；②回归法；③灰色模式；④神经网络法；⑤模糊数学模式；⑥λ 指数预测法。可见，本书所涉及的结构预测模型和非结构预测模型，只是沧海中之一粟，彩票混沌与分形预测方法的研究才刚刚起步。

混沌信号噪声的平滑，是彩票混沌与分形预测的一个重要课题，也是提高预测水平的关键环节，更是制约预测精确度的瓶颈。一般而言，噪声普遍存在于自然界的各个领域，是一种不可避免的对有效信号的破坏和干扰。在动力系统中，韩敏教授把噪声的影响归纳为以下4个方面：①系统内在的混沌吸引子自相似被破坏；②混沌系统特性参数的计算错误；③重构相空间在小的长度尺度上表现出高维性；④对确定系统的预测，无论用什么方法，其精确度都明显降低。

对于这些噪声，一般采用的平滑方法有：①滤波器；②影子定理方法；③基于模型近似的去噪方法；④小波分析方法；⑤主分量的奇异谱分析方法；⑥局部投影法。然而，这些方法在本书中都未涉及，所以作为混沌时间序列分析主要研究内容之一的噪声平滑问题，也应该是大力拓展的研究方向。

由此可见，彩票混沌与分形预测的研究任重道远、方兴未艾。我们相信会有更多的有识之士投身于彩票混沌与分形预测的研究领域，更多的、更惊人的发现和创造性成果即将问世。

附表说明

因篇幅限制，本书涉及的附表只能以电子版形式在网络上下载，敬请读者谅解。

（1）附表为彩票混沌与分形17个预测模型的22个全自动云数据库。

（2）附表必须以OFFICE 2013及以上版本为运算平台。否则，运算符号及公式将严重失真。

（3）云数据库可以自行选择云链接或扫码下载。

链接：https：//pan. baidu. com/s/1MhtAMhk0wTA_ om3cUXi6iQ 提取码：v6x9。

（4）为了满足实战预测和论证的需要，电子版数据库专门设置了自动化更新机制，只需按以下“更新程序”（或人工输入中奖号码）操作，则后续开奖期、中奖号码及其相应各变量参数，都将自动更新并显示出来。

“更新程序”：首先点击数据库中“红球自动更新”文件中“更新”二字→依次打开“红、蓝球涨落高度”文件→“红、蓝球指数”文件→其他数据库文件，进行同步更新即可。

(5) 为了便于掌握各预测模型的计算机操作方法，读者提供购书凭证（发票或电子小票）发送电子邮件至 guestwa@ protonmail. com，经确认后，我们将免费赠送“彩票混沌预测计算机操作演示”视频。

主要参考文献

[1] 倪大成. 彩票大揭秘——彩票的混沌与分形 [M]. 北京: 知识产权出版社, 2016.

[2] 汪同三, 张涛. 组合预测——理论、方法及应用 [M]. 北京: 中国社会科学文献出版社, 2008.

[3] 韩敏. 混沌时间序列预测理论和方法 [M]. 北京: 中国水利水电出版社, 2007.

[4] 伊·普里戈金, 伊·斯唐热. 从混沌到有序: 人与自然的新对话 [M]. 上海: 上海世纪出版集团、上海译文出版社, 2005.

[5] 王文均, 张捍卫. 线性地球自转动力学 [M]. 北京: 科学出版社, 2009.

[6] 林振山. 种群动力学 [M]. 北京: 科学出版社, 2006.

[7] H. G 舒斯持. 混沌动力学 [M]. 成都: 四川教育出版社, 2010.

后 记

《彩票大揭秘——彩票混沌分形的预测与实践》与《彩票大揭秘——彩票的混沌与分形》是揭示彩票混沌之谜，开拓认识、研究、预测彩票和中奖全新道路的姊妹篇。后者为上册，侧重于理论和揭秘，回答“是什么”“为什么”的问题；前者为下册，侧重于应用、中奖，回答的是“怎么预测”“怎么中奖”。没有上册便没有下册；下册是上册的树叶，没有树叶便不成大树。要掌握彩票混沌与分形的预测，必须从上册入手，系统了解和掌握预测的理念，并在此基础上熟练掌握和应用下册混沌与分形预测的方法，运用基本预测模型多模型进行全方位的“以小博大”预测。

要研究彩票混沌与分形的预测，只要在“方向、对象、方法、时机”上下功夫，通过“理论和数据”同步驱动，在“彩票混沌时间序列”平台上操作，充分运用全智能云数据库，那么乐透型彩票预测中的很多问题便可迎刃而解。彩票混沌与分形预测的理念和方法，不仅可以解剖中国的福利、体育彩票中的任何乐透型彩票，也可解析美国、欧洲、日本等发达国家和东南亚、拉丁美洲、非洲等发展中国家的任何乐透型彩票，还可以揭示股票、汇率、期货的混沌之谜，开辟出一片认识、研究、预测彩票的新天地，谱写出新的篇章。

无论是上册和下册，始终突出了自然科学的方法论和思维方法，两者像一条红线贯穿于全书的始终。要成功预测必须掌握正确的方法，不懈追求，善抓机遇。任何成功都符合“成功公式”：

$$f(x, y, z) = x+y+z$$

其中 $f(x, y, z)$ = 成功，x=追求，y=方法，z=机遇。

彩票混沌与分形预测，还与心态有关，必须要有一个“勇于追求，善于投资；以小博大，量力而行；有张有弛，持之以恒；亏而不悲，盈而不喜，喜而不扬”的健康心态。

《彩票大揭秘——彩票混沌分形的预测与实践》得到了社会各界的专家、教授、学者和广大彩民的大力支持和鼓励。我们进行了一些实地调查和研讨，应邀参加了全国重要的学术会议，使彩票混沌与分形预测方法得到了进一步的完善。所以，首先要感谢中国振动工程学会非线性振动专业委员会、中国力学学会动力学与控制专业委员会的指导、关怀和支持；感谢科学出版社科学数理分社赵彦超编辑的指导和有关专家的评议；感谢贵州大学老科学技术工作者协会的教授、专家提出的宝贵意见；感谢企业管理出版社赵喜勤主任的精心指导；感谢 *GW58J* 同学们的大力支持；感谢中南大学信息科学院副院长、博士生导师陈德池教授，贵州大学科技处处长、老科学技术工作者协会的副秘书长黄治平教授全方位的鼎力相助，特别是对前言、书名的亲自修改与人力、物力上的大力支持；感谢贵州中医药大学第二附属医院名医堂秦钟教授自始至终的热情关怀，他用精湛的医术助力我多年研究和撰稿的顺利完成；感谢大鹏、肖仪华、裴建华、刘汉云、霍建伟等教授、学者的关心、支持和宝贵意见；感谢热心彩民的支持和提问。

倪大成　正茂

2021 年于深圳